Von (

& Se

Seltsames und ___ormales aus fünf
Jahrhunderten

Für Unterstützung und Korrekturen gilt mein Dank vor allem meiner lieben Frau Sally.

Darüber hinaus möchte ich Silke Lammers, Jan Pawel Stobbe, „Lazy Luke" und Wladislaw Raab herzlich für ihre Korrekturen & Hilfe danken!

Von Geistern, UFOs & Seeungeheuern

—

Seltsames und Paranormales aus fünf Jahrhunderten

Lars Meyenborch

Impressum:

Bibliografische Information der Deutschen Nationalbibliothek: Die Deutsche Nationalbibliothek verzeichnet diese Publikation in der Deutschen Nationalbibliografie; detaillierte bibliografische Daten sind im Internet über dnb.dnb.de abrufbar.

© 2022 Lars Meyenborch

Titelgestaltung: Silke Lammers
Das Umschlagbild stammt von der Biodiversity Heritage Library (http://biodiversitylibrary.org/page/38946323).
Das Bild wurde modifiziert und ist lizensiert unter: https://creativecommons.org/publicdomain/mark/1.0/

Herstellung und Verlag: BoD – Books on Demand, Norderstedt.

ISBN: 978-3-755 7-1018-9

Inhaltsverzeichnis

1 Einleitung

Seit frühester Kindheit interessiere ich mich für alles Mythische, Magische und Mysteriöse. Zu meinen liebsten Vorlesebüchern zählten „Die kleine Hexe" und vor allem „Der Kleine Vampir". Die Liebe für letztere Geschichten ging so weit, dass ich meine Mutter im Alter von ca. 3–4 Jahren gefragt habe, ob ich nicht in einem Sarg statt eines Bettes schlafen könne, eben wie der kleine Vampir.

Dieses Grundinteresse am Seltsamen habe ich mir bis ins Erwachsenenalter erhalten und mich in der Zwischenzeit mit allen möglichen Themen, von Bigfoot über Geister & Schamanismus bis UFOs, beschäftigt. Ein zweites großes Feld meiner Interessen ist die Geschichte. Schon in der Oberstufe belegte ich den Leistungskurs Geschichte und erwarb in den folgenden Jahren sowohl einen Bachelor- als auch einen Master-Abschluss im Fach Geschichtswissenschaft. Obwohl ich also mit den Standards und Methoden des Faches wohl vertraut bin, muss ich betonen, dass das vorliegende Büchlein lediglich eine populärwissenschaftliche, keine wissenschaftliche Publikation ist und dies auch nicht sein möchte. Vielmehr handelt es sich um interessierte Streifzüge durch seltsame Meldungen, hauptsächlich aus Zeitungen und Journalen vergangener Jahrhunderte, die nicht der wissenschaftlichen Erforschung dieser Geschehnisse oder ihrer Zeit dienen, sondern einen „inspirativen" Zweck verfolgen.

Dementsprechend findet sich keine professionelle Quellenkritik, die für eine wissenschaftliche Arbeit mit Dokumenten der Vergangenheit unerlässlich und das Rückgrat der modernen Geschichtswissenschaft ist. Folgerichtig möchte und kann ich für den „Wahrheitsgehalt" bzw. die historische Korrektheit des Berichteten nicht bürgen und mahne an, dass es natürlich auch in der Vergangenheit „hoaxes"[1], Fälschungen, Missverständnisse, Verwechslungen u.ä. gegeben hat.

Da aber mein Ansinnen ist, die Lesenden zum Zweck der Unterhaltung und Inspiration ein wenig in unsere Vergangenheit mitzunehmen und ihnen eine gewisse Teilhabe an dem Gefühl zu geben, das die Sichtung von Primärquellen mit sich bringt, halte ich diese Einschränkung, sofern sie deutlich artikuliert wird, für problemlos.

Für ein möglichst „gefühlsechtes" Eintauchen in die Welt des Stöberns in den Quellen sind die Einzelfälle bzw. Kapitel kaum sortiert. Man weiß bei dieser Beschäftigung schließlich nie, was zu erwarten ist, oder

---

[1] Verbreiteter englischer Begriff für absichtlichen Betrug.

wann und wo der nächste kleine Schatz auftaucht. In diesem Sinne wünsche ich allen, deren Aufmerksamkeit dieses Büchlein gewinnen konnte, viel Spaß bei einem kleinen Ausflug in die seltsameren Gefilde der letzten fünf Jahrhunderte.[2]

---

2 Da man das vorliegende Büchlein den sog. „Forteana" zuordnen könnte, sei an dieser Stelle der Begründer dieses Genres erwähnt und geehrt. Der US-Amerikaner Charles Fort (1874–1932) legte mit seinem höchst lesenswerten „Book of the Damned" 1919 den Grundstein für diese faszinierende Literaturgattung.

2 Spuk im Gefängnis von Weinsberg (1836)

Die folgende Geschichte wurde ursprünglich von dem damaligen Oberamtsarzt und Dichter Dr. Justinus Kerner (1786–1862) aus Weinsberg aufgezeichnet. Der Artikel im *Morgenblatt für gebildete Stände*[3] bezieht sich auf dessen Buch[4] über den Fall, das ebenfalls 1836 erschienen war. Die Ereignisse begannen im September 1835 im Gefängnis zu Weinsberg.[5] Die Inhaftierte Elisabetha Eslinger aus Bauernlautern (das heutige Lautern) berichtete dem Gerichtsdiener[6] Mayer, dass sie in ihrer Zelle allnächtlich von einem weißen Geist besucht werden würde. Er käme immer nach elf Uhr und würde sie am Hals und der Seite drücken, wenn sie nicht gleich aufstehe. Der Geist habe ihr außerdem mitgeteilt, dass sie bestimmt sei, ihn zu erlösen. Auch andere Gefangene hätten den Geist bei seinen nächtlichen Besuchen gesehen.

---

3   Morgenblatt für gebildete Stände, No. 108, 26. Oktober 1836.

4   Justinus Kerner: Eine Erscheinung aus dem Nachtgebiete der Natur. Durch eine Reihe von Zeugen gerichtlich bestätigt und den Naturforschern zum Bedenken mitgetheilt, Stuttgart/Tübingen 1836.

5   Eine vergleichbare Geschichte lässt sich auf dem Blog von Wladislaw Raab (https://ufoscriptorium.blogspot.com/) mit dem Suchbegriff „Adele Spitzeder" finden. Bei weiteren Verweisen auf die Arbeit von Wladislaw Raab nenne ich nur den Blog sowie den Suchbegriff.

6   Hierunter ist im Wesentlichen ein Gefängniswärter zu verstehen.

Interessanterweise habe der Geist sie auch schon vor der Inhaftierung besucht, dann aber in der Gestalt einer sprechenden Nebelsäule. Die Stimme aus dem Nebel wollte, dass Elisabetha den Geist durch Beten befreie und zwar am Ort der Verbannung dieser scheinbaren Seele, nämlich im Keller einer Frau Sinahaasin in Wimmental (heute ein Stadtteil von Weinsberg). Damals, so Elisabetha, habe sie sich nicht getraut, den Geist bzw. die Nebelsäule anzusprechen. Inzwischen käme der Geist allerdings in menschlicher Gestalt daher, die sie auch beschreiben kann. Der Geist habe die Gestalt eines Mannes, der einen Faltenrock, Gürtel sowie eine Kappe trage. Selbst das Gesicht könne sie beschreiben. Der Mann habe hohe Wangenknochen, tief liegende, feurige Augen, einen langen Bart und sowohl Kinn als auch Stirn seien hervorstehend, die Haut an den Wangenknochen „wie mit Pergament überzogen".

Gleichzeitig sei der Mann von einer schwefelgelben und manchmal mit kleinen flackernden Sternchen versehene „Helle" begleitet, die sich ein Stück über ihm befände und ihn leicht beleuchtete. Sein Besuche beschränken sich auf die Zeit zwischen Abend- und Morgenglocke und in diesem Zeitfenster erschiene er oft zwei oder drei Mal. Er komme durch Tür oder Fenster, zum Teil öffnet sich die (eigentlich verschlossene) Tür dabei physisch und ihr Zuschlagen sei zu hören. Man könne ihn auch kommen hören, er schlurfe über den Gang und seine Bewegungen in der Zelle verursachen ein Geräusch wie das Rascheln von Papier. Elisabetha berichtet außerdem von Stöhnen sowie Krachen in der Zelle bei seinen Besuchen. Sein Kommen könne außerdem durch einen kühlen Luftzug gespürt werden, den wiederum auch andere Gefangene bezeugten. Dazu komme ein Modergeruch, der vor allem „bei seinem Hauche stattfindet". Der Geist hatte also offenbar Mundgeruch.[7]

Der Geist berichtet über sich selbst, dass er 1414 als katholischer Priester in Wimmental gelebt und Anton geheißen habe. Zusammen mit seinem Vater habe er seinen Bruder um Geld betrogen, was auf seinem Gewissen laste und ihn „hindere". Er wolle deshalb, dass Elisabetha mit ihm in Wimmental bete, damit sein Bann aufgehoben würde. Der Geist wurde interessanterweise manchmal von zwei Schäfchen begleitet, die an ihm herauf schwebten und sich dann auf seinen Schultern in Sterne verwandelten. Ebenso wurden in Begleitung des Geistes manchmal noch lebende Personen sichtbar, die sich „in Wirklichkeit" natürlich nicht vor Ort befanden.

---

7   Siehe zum Thema auch: Ufoscriptorium, Suchbegriff „Mundgeruch".

Eine Mitgefangene sprach einen solchen „Begleiter" des Geistes an, erhielt aber keine Antwort. Es gibt auch andere – im Verständnis der Zeit „ehrbare"[8] – Zeugen für manche Merkwürdigkeit in der Zelle Elisabethas.

Der Kupferstecher Christian Duttenhofer (1778–1846) berichtet:

> „Bis nach 11 Uhr hörten wir nichts besonderes, dann aber Töne wie Tröpfeln von großen Wassertropfen im Gange, dann innen Töne, wie wenn man Funken aus einer elektrischen Flasche zieht. Die Helle, die wir dabei Beide später durch die Thüre hereinkommen sahen, hatte das eigene, daß sie eigentlich keine strahlende Helle war, sie war eine mehr phosphorescirende Helle. Wie die Töne, die wir hörten, ohne Nachhall waren, so waren diese Lichterscheinungen ohne weitere Verbreitung und hatten wie die Töne einen eigenen Charakter. Die Töne entstanden immer, wenn auch nach dem Schauen der Frau die Erscheinung im Zimmer war. Einstmals entstand ein Tönen wie von einem Glas-

---

8 Für die Zeitgenossen war die Glaubwürdigkeit einer Person oft unmittelbar an ihren sozialen Status sowie die berufliche Tätigkeit geknüpft.

glöckchen, und dann ging es über den Boden des Gefängnisses wie ein Rauschen von Papier. Einstmals hörten wir Töne, als führe ein Wagen, was durchaus nicht der Fall war, später tönte es wie ein wirkliches Läuten. Mehrmals that es Töne, als werfe man mit Sand, und zwar einmal hart an meinem Ohre vorüber, daß ich meinte, es hätte mich müssen treffen. Mehrmals fühlten wir das Wehen eines kalten Windes, wenn sich die Erscheinung nach uns zu bewegen schien. Es hatte dieses Auftreten der Erscheinung mir etwas überzeugenderes gerade in diesen sanften eigenen Tönen, so verschieden von dem, wie man sich Geistererscheinungen sonst vorstellt, war auch ganz anders, als es wohl dieses Weib gemacht hatte, hätte sie sichs zur betrügerischen Aufgabe gemacht, Andern einen Geist vorzulügen. Gegen 6 Uhr aber entstand plötzlich ein so furchtbares Tönen und Rasseln und Zuschlagen an dem uns entgegenstehenden, doch gerade vor unserm Gesicht liegenden Fenster, daß, wenn es wirklich am Fenster gewesen wäre, alle

Scheiben nothwendig zerbrochen wären. An dem entgegengesetzten Fenster zeigte sich da zugleich eine Helle, die sich im Gange mit den Tönen, die aber da noch sehr lautbar wurden, zu verlieren schien."

Ein weiterer Zeuge war ein Arzt namens Dr. Sicherer, der Folgendes zu berichten hat:

„Bald hörten wir nun ein Klopfen ans Fenster unserer Seite schlagweise und mäßig, und dann abwechselnd an beiden Fenstern. Plößlich würde unsere Aufmerksamkeit wie durch einen Lärmen gefesselt, der ganz gleich dem war, als ob eine Hand voll Schrot oder Erbsen, war er schwächer, als ob Sand mit aller Kraft auf den Boden geworfen würde, und als ob die einzelnen Erbsen auf dem Boden fortrollten. Dieses Werfen kam der Beobachtung nach nicht bloß in anfänglich horizontaler, sondern häufig ganz in verticaler Richtung, so daß ich nicht selten unwillkürlich das Gesicht bedeckte, weil das Fallen von genannten Substanzen hart am Körper herab erschien. Dieß die akustische Erscheinung.

Zugleich oder nachfolgend, ließ sich eine Empfindung bemerken, wie wenn eine kalte Luft die äußern Körpertheile anwehte, oder wie man im halben Schlaf einen entblößten Arm fühlt. Hiedurch wurde der Tastsinn afficirt. Der Geruch wurde während dieser Scene und längere Zeit nachher durch einen widerwärtigen Gestank in Anspruch genommen, welcher auch auf das Athmen einen solchen quälenden Einfluß übte, daß ich in den ersten zwei Stunden nicht glaubte, die ganze Nacht hier zubringen zu können. Ich finde keine passende Vergleichung für ihn. Nur davon überzeugte ich mich bald, daß er kein Kerkergeruch seyn konnte, weil dieser, wie jede verdorbene Zimmerluft, nur in der ersten Viertelstunde quält, weil jener aufhörte und wiederkam, wie die übrigen Erscheinungen, und weil beim Eintritt in den Kerker meiner in der Praxis geübten Nase nichts auffiel. Während man dieses fühlen, riechen und hören konnte, sah ich mit den genannten Erscheinungen einen dicken, grauen Nebel über den mir

entgegengesetzten Theil des Zimmers, wo
das Bett der Gefangenen war, gleichförmig
ausgebreitet, welcher nach kürzerer oder
längerer Zeit mit dem Geruch sich wieder
verlor. In diesem war es mir unmöglich,
die Conturen der größeren Gegenstände
noch   zu   unterscheiden."[9]

Die List der Zeugen merkwürdiger Erscheinungen im
Zusammenhang mit Elisabetha Eslinger lässt sich noch
fortsetzen und der Artikel zitiert einige von denen, denen Elisabetha den Geist auf eigenen Wunsch in ihr je-
weiliges Zuhause schickte, was selbstverständlich als
Fakt verstanden wurde, der gegen einen von ihr arran-
gierten Betrug spricht. Einer der Zeugen eines solchen
„Hausbesuches" war der lokale Oberamtsgerichtsbeisit-
zer Herr Theurer, folgendes berichtet:

„Ich hatte beim Verhör gegen die Eslinge-
rin geäußert: sie solle mir die Erscheinung
auch senden. Bald hierauf erwachte ich in
einer Nacht an einem hörbaren Gehen, als
ginge Jemand wie auf Socken durch das
Zimmer vor meinem Schlafzimmer. Ich
sprang hinaus, fand aber keinen Men-

9   Kerner 1836, 125–27.

schen, noch irgend eine andere erklärliche Ursache dieser Töne roch aber einen mir unbegreiflichen, furchtbaren Verwesungsgeruch. Von da an wurde uns die Erscheinung in verschiedenen Nächten, wenn auch nie sichtbar, doch hörbar. Es waren Töne von Krachen, Werfen wie mit Sand, und sonst auch nicht zu bezeichnende Töne. Eine Katze, die im Zimmer war, lief oft, entstanden solche Töne, auf dieselben zu, sprang aber dann sogleich ganz erschrocken zurück, sich unter irgend etwas ängstlich   verbergend."[10]

Der Zeitungsautor kommt dann auch zu dem Schluss, dass das „Ob" der Geschehnisse in diesem Fall aufgrund der zahlreichen verschiedenen Zeugen wohl außer Frage stehe, es aber immerhin noch um das „Wie" gehe. Er votiert dabei allerdings – anders als Kerner – gegen die Annahme einer Geisterwelt als Erklärung für die Phänomene und fasst stattdessen einen Ansatz ins Auge, bei dem die „elektrischen" Phänomene, wie er sie nennt, von Elisabetha in einem „somnambulen" Zustand selbst verursacht worden seien. Somnambulismus meint im engeren

---

[10] Kerner 1836, 159f.

Sinne den Zustand beim Schlafwandeln, wird hier aber wohl eher in einer etwas allgemeineren Auffassung im Sinne eines veränderten Bewusstseinszustandes wie der „Trance" verwendet. Die Hauptzeugin statt eines Geistes als Quelle der (als genuin gedachten) Phänomene anzusehen, entspricht vom Grundansatz her der Position einiger moderner Parapsychologen, wie dem wohl bekanntesten Vertreter dieser Zunft in Deutschland, Dr. Dr. Walter von Lucadou.[11]

Welche „Lösung" auch immer favorisiert wird, ein gut bezeugter Fall wie dieser sollte zumindest deutlich machen, dass das Feld des „Spuks" womöglich mehr Substanz haben könnte, als heute gemeinhin angenommen wird.

---

11 Siehe hierzu exemplarisch Walter von Lucadou: Die Geister, die mich riefen. Deutschlands bekanntester Spukforscher erzählt, Köln 2012.

3 UFOs über Norwegen? (1909/1910)

Der Schriftsteller und Journalist Leonhard Adelt schrieb 1924 für die *Allgemeine Zeitung*[12] einen Beitrag über Geschehnisse, die damals schon etwa 15 Jahre zurücklagen, ihm selbst aber schon 1909 und 1910 bekannt wurden, als sie sich abspielten. Er ließ sich nach eigenen Angaben 1909 am Bodensee nieder und begann, sich mit einem Bereich zu beschäftigen, der damals hochaktuell war und ihn augenscheinlich sehr interessierte: Luftfahrt.

Er machte es sich als ersten Schritt zur Aufgabe, ein Archiv über alle möglichen Nachrichten anzulegen, die einen Luftfahrtbezug aufwiesen. Dabei gelangte ihm zu Ohren, dass der Christiana-Korrespondent[13] der *Frankfurter Zeitung* am 31. Juli 1909 einen seltsamen Fall an seinen Arbeitgeber telegrafierte: In der Vornacht war in der Nähe von Moss [14]ein „großes Luftschiff" gesehen worden. Das Gefährt kam aus Richtung Süden über das Meer, flog einen Bogen über der Küste und verschwand dann wieder in die gleiche Richtung, aus der es gekommen war. Auch die norwegische Zeitung *Morgenbladet* berichtete über das Ereignis, allerdings schon in seiner Ausgabe vom 24. Juli. Aus der Darstellung ergibt sich,

12   Allgemeine Zeitung, 127. Jahrgang, No. 5, 6. Januar 1924.
13   Bei Christiana handelt es sich um das heutige Oslo.
14   Moss liegt im Südosten Norwegens.

dass das Ereignis wohl am 23. oder 24. Juli stattgefunden haben muss. Ein – laut dem Moss-Korrespondenten der Zeitung – verlässlicher Zeuge aus Våler i Østfold hat das Luftschiff mit vier weiteren erwachsenen Männern gegen 12 Uhr gemeinsam gesehen. Es kam laut diesem Zeugen aus Westen, stand eine Weile in der Luft und flog dann wiederum nach Westen davon. Bei dem Zeugen handelte es sich um einen Dr. Frenning. Nach der Meldung ihres Korrespondenten hat sich die Zeitung mit diesem Mann in Verbindung gesetzt und folgende erweiterte Aussage erhalten:

„Wir alle, die wir die Erscheinung von hier aus Nordby sahen, sind einig darüber, dass es ein steuerbares Luftschiff gewesen sein muss. Es näherte sich schnell von Westen, wahrscheinlich über den Christianafjord kommend. Erst dachten wir, dass es eine Wolke sei, die am Himmel entlang glitt. Wir kamen aber schnell zu dem Schluss, dass das nicht sein konnte. Wir hatten leider kein Fernglas zur Hand, trösteten uns aber damit, dass wir es besser sehen könnten, wenn es weiter in Richtung des Hofes näher käme. Es blieb dann in der Zwischenzeit direkt über dem Hof Knaabel,

vier oder fünf Kilometer von Nordby entfernt. Dort blieb es für etwa zwei Minuten
stehen. In dieser Ansicht sah es rektangu-
lär aus, aber die Entfernung war zu groß,
als dass wir hätten Details ausmachen können. Nachdem etwa zwei Minuten vergangen waren, drehte das Luftschiff um und
flog mit großer Geschwindigkeit in die
gleiche Richtung davon, aus der es gekommen war. Als es sich drehte, veränderte
sich die langgestreckte rektanguläre Form
und es erschien kürzer und eher viereckig.
Alle diese Manöver deuteten darauf hin,
dass sich dort an Bord Menschen befanden, die vollständige Kontrolle über das
Luftschiff hatten. Das Wetter war klar und
die Sicht gut, auch wenn es leicht dämmer-
te. Die Höhe, in der das Luftschiff schweb-
te, schätzten wir auf ein paar hundert Meter. Wir sahen kein Licht an Bord und hörten auch kein Geräusch. Es kann sich um
keine optische Täuschung gehandelt haben, da wir alle es ganz deutlich sahen,
gute Gelegenheit hatten, seine Bewegungen zu verfolgen und die ganze Zeit bei-

sammen standen und miteinander rätsel-
ten, was um alles in der Welt es sein könnte."[15]

Der Artikel fügt noch hinzu, dass der Doktor am ehesten geneigt war, das Objekt für ein Luftschiff mit lan-
gem Gasballon zu halten. Ein anderer der Zeugen äußerte den Gedanken, dass es sich möglicherweise um ein
deutsches Luftschiff auf einem Testflug handeln könnte.
Adelt, der entsprechend seines Interesses auf der Höhe
der Zeit war, was die Luftfahrt anging, bemerkt an
dieser Stelle, dass es 1909 eigentlich keine Luftschiffe –
oder Flugzeuge – gab, die zu solch einem Flug über das
Meer in der Lage gewesen wären. Er erklärt, dass die
bekannten Luftschiffe der Zeit „in engem Radius an
ihren Standort gebunden" waren und es überdies in
Skandinavien überhaupt keine Luftschiffe gab. Woher
kam also das mysteriöse Gefährt und wie konnte es sich
über das Meer davon machen?

Adelt ging zunächst davon aus, dass es sich um „Au-
tosuggestion" handeln müsse, obwohl die Sichtung
durch einen Arzt und vier Bauern unabhängig von ein-
ander bezeugt worden war.

---

15 Morgenbladet, 24. Juli 1909. Hier in eigener
    Übersetzung.

Etwa ein halbes Jahr später ging der Spuk allerdings weiter: Am 8. Januar 1910 vermeldete die *Frankfurter Zeitung* im Gleichklang mit norwegischen Zeitungen, dass das unmögliche Fluggerät sich wieder gezeigt hatte, diesmal im Südwesten des Landes in der Region Järden, über dem Boknafjord.

Für diese zweite Sichtung gab es hunderte Zeugen, die an die Küste geeilt waren, um das Spektakel zu beobachten. Adelt nennt keine weiteren Details, mir ist es aber gelungen, in einer norwegischen Zeitung etwas mehr zu erfahren. In ihrer Abendausgabe vom 3. Januar 1910 berichtet die *Aftenposten*, dass das „Luftschiff" einen Tag zuvor, am 2. Januar gesichtet wurde. Die Sichtung fand gegen 19 Uhr statt. Die Zeugen aus mehreren Orten sahen aufgrund der Dunkelheit trotz sternenklaren Himmels nicht das Luftschiff selbst, sondern seine „Lampe", die als sehr hell, wie ein elektrisches Licht beschrieben wurde und für etwa eine Dreiviertelstunde sichtbar war. Von Südosten kommend bewegte es sich nach Westen, bis es sich an der Küste über dem Meer befand. Dort sank es schnell zum Meeresspiegel hinab, um dann wieder in die vorherige Höhe aufzusteigen. Dann setzte es seine Reise gen Westen über das Meer fort. Das Licht war so hell, dass es eine über dem Meer befindliche Nebelbank anleuchtete, bzw. sich in dieser spiegelte. Der

Wind wehte während der Sichtung aus Westen, so dass davon ausgegangen werden muss, dass das Objekt oder Licht irgendeine Form von aktivem Antrieb besaß. Die Zeugen waren sicher, dass es sich nicht um einen Stern oder eine Sternschnuppe handelte.

Auch für diese Sichtung kam laut Adelt keines der bekannten Luftschiffe der Zeit in Frage. Wie Adelt selbst bemerkt, schien das Gefährt die „magische" Dreizahl erfüllen zu wollen, denn am 31. März des selben Jahres zeigte es sich ein letztes Mal. Es blieb dabei im Süden, wanderte allerdings wieder etwas gen Osten, als es am Vormittag bei Lindesnes gesehen wurde. Bei diesem dritten und letzten Besuch flog es so tief, dass die Zeugen meinten, einen tiefen „Orgelton"[16] von seinen Motoren hören zu können.

Wieder kann ein Blick in norwegische Zeitungen der Zeit noch eine handvoll Zusatzinformationen liefern. Aufgrund der zeitlichen Umstände, muss man hier allerdings Vorsicht walten lassen. In mehreren Zeitungen[17] finden sich kurze Notizen über das Ereignis, das demnach am 29. März am Vormittag passierte. Demnach sahen viele Zeugen deutlich ein Luftschiff und konnten

---

16 Ähnliche Töne wurden schon früher beschrieben. Siehe Ufoscriptorium, Suchbegriff „Ostsee-Forteana".
17 Morgenbladet, 31. März 1909; Lindesnes, 1. April 1909; Jarlsberg og Larviks Amtstidende, 4. April 1909.

dabei so etwas wie Motoren- oder Propellergeräusche hören sowie einen Luftzug spüren. Das Luftschiff bewegte sich aus Südwesten vom Meer kommend in nordöstliche Richtung fort.

Die Zeitung *Lindesne*s, die diese Nachricht in ihrer Ausgabe vom 1. April brachte, wies eigens daraufhin, dass die Zeugen zuverlässige Personen seien und die Nachricht explizit nicht als „Zeitungsente" für den 1. April zu verstehen sei. Auch das *Morgenbladet* erwähnte am 31. März eigens, dass ihr Korrespondent betonte, die Nachricht sei nicht für die Ausgabe am 1. April gedacht. Eine Zeitung jedoch brachte – leider ebenfalls am 1. April – einen Bericht über das Ereignis, der deutlich detaillierter ist als die übrigen und einige bizarre Elemente aufweist. Auch fehlt hier ein Hinweis darauf, dass es sich um keine Zeitungsente handelt. Insofern ist der folgende Bericht der Zeitung *Lister*, einer bis heute existierenden Lokalzeitung, ggf. mit Vorsicht zu genießen. Womöglich hat sich hier ein Journalist einen Aprilscherz erlaubt, indem er eine reale Nachricht mit etwas Fantasie ausgeschmückt hat.

Nichtsdestotrotz will ich nicht vorenthalten, was in diesem Bericht zu lesen ist: Laut der *Lister* vom 1. April wurde das Luftschiff am vorangegangenen Dienstag, das wäre der 29. März, etwa um 9 Uhr am Vormittag gesichtet. Es seien zunächst ein ungewöhnliches Sausen zu hören gewesen. Nachdem diese merkwürdigen Geräusche offenbar mehrere Zeugen (eine Zahl wird leider nicht genannt) aufmerksam gemacht hatten, wurde außerdem ein Lichtschein über dem Meer südwestlich von Lillehavn gesehen. Dieses Licht muss sehr hell gewesen sein, es soll wie „hunderte Sonnen" gestrahlt haben. Das Licht war zuletzt so hell, dass man es kaum anschauen konnte. Das Objekt selbst, von dem das Licht strahlte, war schwer zu erkennen. Man ging deshalb davon aus, dass es sich um ein Luftschiff mit elektrischen Scheinwerfern handelte. Der Lärm des Gefährts wurde bei seinem Näherkommen immer lauter und zuletzt als Propellergeräusch wahrgenommen. Viele Leute kamen aus ihren Häusern und versuchten die Aufmerksamkeit der vermeintlichen Luftschiffpassagiere auf sich zu lenken (ich vermute durch Rufen und Winken), andere waren ängstlich. Das Luftschiff ließ sich allerdings nicht beirren und flog ungerührt weiter Richtung Neseland.[18] Damit war das Ereignis aber noch nicht ganz vorbei: Das Luftschiff gab noch einen sehr lauten Knall („wie von vielen Kanonenbatterien") und ein „Lichtermeer" mit Lichtstrahlen, die über den Boden und das Wasser tasteten, von sich, um danach völlig zu erlöschen. Der Knall war

---

18   Der Flug ging also nach Nordosten.

so laut, dass Fensterscheiben schepperten. 30 Männer begaben sich zum letzten Sichtungsort und suchten nach Überresten, da der Knall und das erlöschen des Lichtes als Explosion gedeutet wurden. Sie fanden keine Leichen oder Körperteile, aber kleine, leider nicht näher bezeichnete Wrackteile. Darüber hinaus fand man einen beschädigten Goldring, der in einem Baum hing und eine Inschrift in unbekannter Sprache aufwies. Die Männer gingen deshalb davon aus, dass es sich bei den Luftschifffahrern um „Südländer" gehandelt haben müsse, sammelten alles ein und nahmen es mit. Daraufhin benachrichtige man das Außenministerium. Kurz nach der vermuteten Explosion waren außerdem Lichtsignale am Horizont über dem Meer in südwestlicher Richtung zu sehen.

Adelt sah sich jedenfalls außer Stande, das Rätsel um die mysteriösen norwegischen Luftschiffe zu lösen, verweist aber auf die Tatsache, dass sich das Phänomen gewissermaßen als prophetisch erwies: Im Ersten Weltkrieg kreuzten deutsche Zeppeline an der südnorwegischen Küste durch den Luftraum.

4 Leuchtende Kugeln und die Mutter Gottes – Erscheinungen im Elsaß (1872/73)

Am 21. August 1872 berichtete *Das bayerische Vaterland* von noch jungen, aber merkwürdigen Ereignissen im „frisch" von Frankreich eroberten Reichsland Elsaß-Lothringen. Demnach hatten drei Wochen zuvor „einige Kinder" in einem Wald bei Krüth[19] Maria, die Mutter Gottes gesehen. Seit dem ziehe der Ort Interessierte an und es habe weitere Zeuge gegeben, die zum Teil von einer Erscheinung mit hellem Lichtschein berichteten. Die relativ kurze Notiz ist eine der ersten von durchaus einigen, die noch kommen sollten, das Thema beschäftigte die Presse und Öffentlichkeit in den nächsten drei Jahren immer wieder. Aus der Zusammenschau von ca. 30 Zeitungsmeldungen über die nächsten Jahre soll hier ein Bild der Ereignisse und seines durchaus interessanten Kontexts gezeichnet werden. Was war also geschehen?

Am 7. Juli 1872, einem Sonntag, gingen vier Mädchen aus Krüth nach der Vesper in den Wald Kestenholz, um Heidelbeeren zu pflücken. Die Kinder namens Leonie & Odelie Martin, Maria Marcot und Philumena Aßenberger waren zwischen sieben und elf Jahre alt. Leonie Martin erblickte auf dem Ausflug in den Wald eine

---

19   Dabei handelt es sich um das heutige Neubois.

weiße Frau mit gelber Krone, die mit einem Kreuz verziert war und einem zweiten schwarzen Kreuz auf der Brust. Sie zeigte auf die Frau und die übrigen Kinder sahen diese ebenfalls. Die zwei jüngeren Kinder Leonie Martin und Maria Marcot liefen aus Angst fort, während Odelie und Philumena blieben und die Gestalt nun ein Schwert oder Stab über einer Schar von Kriegergestalten schwingen sahen. Da bekamen auch sie Angst und flohen ebenfalls.[20]

Die nächste dokumentierte Erscheinung geschah wenige Tage später am 11. Juli und bis zum Ende des Monats hatten nicht nur Kinder, sondern unter anderem auch eine Schulschwester etwas gesehen. Der Ort begann, eine spürbare Anziehungskraft zu entwickeln, so dass sich am 31. Juli bereits an die 2000 Menschen am Erscheinungsort im Wald nahe der Frankenburgruine versammelten. Die Sache nahm Dimensionen an, die die Obrigkeit auf den Plan rief: Am 7. September 1872 wurde eine Kompanie des 105. Regiments aus dem nahe ge-

---

20 Aus einer zu den Vorkommnissen erschienen Broschüre mit dem Titel „Erscheinungen der Mutter Gottes. La Sayette, Pontmain, Lourdes, Krüth, Rixheim, Sutter 1873." Die Broschüre liegt nicht vor, der Part, der die Ereignisse am 7. Juli beschreibt, kann aber, bei August Stricker zitiert, nachgelesen werden in: Im neuen Reich. Wochenschrift für das Leben des deutschen Volkes in Staat, Wissenschaft und Kunst, 02.04.1874.

legenen Schlettstadt[21] in das kleine Krüth verlegt und wohl in der Folgezeit eine am Platz des Geschehens provisorisch errichtete Kappelle abgerissen. Am 19. September wurde das Betreten des Waldes aus Wallfahrtsgründen verboten. Nachdem das Militär am 23. September wieder abkommandiert wurde, nahmen die Erscheinungen (oder ihre Vermeldung) noch einmal zu. Das Verbot, den Wald zu betreten, wurde durch die Forstverwaltung erneuert, was aber lediglich dazu führte, dass sich das Geschehen auf ein privates Grundstück in einem Kastanienwäldchen in der Nähe verlagerte.

Besonders spektakuläre Ereignissen werden für den 10. Januar 1873 berichtet. An diesem Freitag erschien die Maria einer aus Colmar stammenden Frau namens Luise Kaltenbach, deren Alter unterschiedlich mit 24 oder 34 Jahren angegeben wurde. Zu dieser soll die Erscheinung gesprochen haben und zwar die Worte: „Betet ohne Unterlaß. Singet das Salve Maria". Luise Kaltenbach soll nach dieser Erscheinung für eine Weile in Ohnmacht gefallen sein und laut einer ortsansässigen Dame hätten manche der übrigen Anwesenden die Erscheinung gesehen, aber nicht gehört, wiederum andere hätten sie gehört, aber nicht gesehen. In *Das bayerische Vaterland*[22]

---

21   Dabei handelt es sich um das heutige Sélestat.
22   Das Bayerische Vaterland, No. 25, 30. Januar 1873. Der Bericht der Zeitung bezieht sich auf die schon erwähnte,

werden von Luise Kaltenbach für diesen Tag sechs Erscheinungen der Maria berichtet. Demnach hatte sich die Maria, bevor sie zum Beten ohne Unterlaß aufrief, auf Anfrage selbst vorgestellt als „die Mutter der Barmherzigkeit". Die Zeitung berichtet auch die Anweisung zum Beten etwas anders, nämlich mit dem Zusatz „eure Bitten werden erhört werden". Bei mindestens zweien ihrer sechs Erscheinungen sei sie gold-glänzend von der Sonne herabgestiegen, zum Teil von Engeln begleitet.

Bei mindestens einem dieser Auftritte sei Maria weiß und blau gekleidet gewesen, mit einer Krone auf dem Haupt und einem Schwert in der Hand. Laut anderen Zeugen, soll sie das Schwert in Richtung des Rheins geworfen haben – diese Symbolhandlung wurde vielfach im politischen Kontext der Zeit gedeutet:[23] Im jungen Deutschen Reich fand eine Eskalation der Spannungen zwischen dem preußisch und damit protestantisch dominierten jungen Staat und Katholiken bzw. katholischer Kirche statt, die unter dem Begriff „Kulturkampf" gefasst wird und eng mit dem Reichskanzler Otto von Bismarck verknüpft war. Im Reichsland Elsaß-Lothringen, das ja gerade erst mit Waffengewalt vom katholi-

leider nicht vorliegende Broschüre.

23 Vgl. Im neuen Reich. Wochenschrift für das Leben des deutschen Volkes in Staat, Wissenschaft und Kunst, 02.04.1874, 539.

schen Frankreich abgetrennt worden war, besaß diese Konfliktlinie naturgemäß eine besondere Brisanz. Dies spiegelt sich auch in der Presse der Zeit wider: Eher „katholikenfreundliche" Presseorgane berichteten positiver über die Geschehnisse, während Blätter, die dem protestantischen Preußen zugeneigt waren, diese eher als Schwindel darstellten – so weit ich es überblicken konnte, allerdings ohne konkrete Vorwürfe oder Anhaltspunkte – und zum Teil ein hartes Vorgehen des Staates gegen sie bzw. die inzwischen tausenden von Pilgernden und Interessierten forderten.

Diese Deutung ist aber nicht die einzige. Die erwähnte ortsansässige Dame z.B. interpretierte das Geschehen rein religiös: Maria kündigte für sie auf diese Weise an, dass es keinen Krieg mehr geben solle. Ihrer Meinung nach sei Maria ebenso für die deutsche wie die französische Seite da. Welcher Deutung man auch immer folgen möchte, das Geschehen hörte nicht auf, weitete sich sogar aus, worauf die Obrigkeit wiederum mit weiteren Maßnahmen zur Eindämmung reagierte.

Doch der Lage war offenbar nicht Herr zu werden, so dass am 3. oder 5. März (es finden sich verschiedene Angaben) eine Kompagnie eines sächsischen Regiments in Krüth einrückte und bis zum 20. des Monats blieb. Im März des Jahres tauchten dann weitere Erscheinungen an anderen Orten auf, etwa in Issenheim und Wittelsheim. In Issenheim meldeten Zeugen, dass sich der Arm einer Marienstatuette aus Ton bewege. Sie hatte in einer dunklen Ecke bei Kerzenlicht gestanden, so dass die Vermutung nahe lag, dass dieses Phänomen auf einer optischen Täuschung durch das flackernde Licht basierte. Um die Bandbreite der Erscheinungen anzudeuten, sei hier ein Abschnitt aus „Das Bayerische Vaterland" zitiert:

„Welches nun ist der Inhalt der Erscheinungen? Vorherrschend die Mutter Gottes in allen möglichen Gestalten, als Freudenmutter, als unbefleckte Jungfrau, als Vesperbild, als strahlende Königin mit dem Jesuskind oder ohne dasselbe, meistens begleitet von der Gestalt Pius IX., den sie zu schützen scheint, oft von Engeln, Heiligen, Priestern umgeben, segnend, manchmal schreckenerregend. Prozessionen, kriegerische Gestalten, Scenen aus dem Leiden Christi, dräuende Ungeheuer, Bilder, welche auf die Tagesereignisse sich beziehen, treten vor das Auge des Sehenden. In einer Gruppe von 50, 100 sehen zwei, drei, einige Male bis zehn, vierzig; viele haben den

Glanz eines goldenen Lichtes, den Wohlge-
ruch des Weihrauches auffallend wahrgenommen, alle fühlen sich zu eifrigem Beten angereget. Diejenigen, die sehen, empfinden unendlich Trost."[24]

Neben diesen vor allem klar religiösen Erscheinungen
traten scheinbar – fast in keelscher[25] Manier – andere bizarre Phänomene:

„In Unterelsaß, bei Hagenau [franz. Ha-
guenau], sah das Volk allerlei Zeichen am
Himmel, farbige Kugeln fielen zur Erde,
verfolgt von den Leuten, und verschwanden, wenn man sich denselben näherte.
Dasselbe war auch bei Krüth vorgekommen, begleitet von verschiedenen Gestalten und Formen in der Sonne und um die
Sonne."[26]

---

24 Das Bayerische Vaterland, No. 219, 21. September 1873.
25 John A. Keel (1930–2009) war ein amerikanischer
Journalist und Autor, der heute vor allem für seine
Arbeit über den „Mothman" von Point Pleasant (West
Virginia) in den 1960ern bekannt ist. Er scheute sich
nicht, auch außerordentlich bizarre Erlebnisse von
Zeugen zu dokumentieren und gilt in dieser Hinsicht als
Pionier.
26 Das Bayerische Vaterland, No. 220, 23. September 1873.

In Walbach etablierte sich ein Visionär namens Hoffert, der später für unzurechnungsfähig erklärt wurde. Er sagte für den 3. Mai ein weiteres Erscheinen Marias voraus, was zu einem Pilgeransturm von 5000–6000 Personen führte. Auch in Krüth war für diesen Tag eine weitere Erscheinung erwartet worden und auch hier kamen einige Menschen zusammen. An beiden Orten sorgte die Staatsmacht mit Gewalt für die Auflösung der Gruppen und es geschah augenscheinlich nichts weiter. Dennoch gingen die Erscheinungen an unterschiedlichen Orten den Mai über weiter, aus preußischer Sicht hatte man es geradezu mit einer sich verbreitenden Krankheit zu tun.[27] Mindestens bis in den Dezember zogen sich Erscheinungen in der ganzen Region, dann verliert sich nach meinem Stand ihre Spur zumindest in den Zeitungen.

---

27 Dass sich manche „paranormale" Erscheinungen tatsächlich wie ansteckende Krankheiten ausbreiten könnten, spekulierte zuletzt Dr. Colm Kelleher in seinem aktuellen Buch zur Skinwalker Ranch. Siehe dazu ausführlich Colm A. Kelleher/George Knapp/James T. Lacatski, Skinwalkers at the Pentagon. An Insiders' Account of the Government' Secret UFO Program, Henderson 2021.

5 Ein riesiger „Seemensch" an der dalmatischen Küste (1716)

In der *Historie des Jahrs 1716*[28] findet sich ein besonders kurioser Eintrag, in dem Geschehnisse von der Küste Dalmatiens berichtet werden. Zwölf Meilen von Ragusa (heute Dubrovnik) soll sich im Februar 1716 an drei Tagen ein „Meer Wunder als [=wie] ein Mensch" gezeigt haben. In einem Umkreis von zwei bis drei Meilen habe sich das Wesen an drei verschiedenen Orten je zur Mittagszeit an Land gewagt. Dabei habe es die Hände erhoben, sie zum Teil geküsst und dann sehr laut gebrüllt oder geschrien. Der Ruf war meilenweit zu hören und soll sogar mehrere Personen so erschreckt haben, dass sie gestorben seien. Was auch immer hier geschehen ist, das Wesen muss recht eindrucksvoll gewesen sein. Laut unserem Bericht wurde es auf „15 Schuh" Höhe geschätzt, was grob 4 bis 4,5 Metern entsprechen sollte. Leider wird keine genauere Beschreibung des Wesens gegeben, allerdings erfahren wir noch, dass in drei Nächten nach dem Erscheinen des Wesen feurige Zeichen am Himmel zu sehen und außerdem an mehreren Orten des Küstenabschnitts Erdbeben zu spüren gewesen sein sollen.

---

28 Historie des Jahrs... [...] 1716 (1717).

Natürlich kann auch hier nur spekuliert werden, was der Hintergrund des Geschehens gewesen sein könnte (so es wie berichtet wirklich geschehen ist). Man könnte vielleicht an ein verirrtes Walross denken, deren Körperlänge mit den „15 Schuh" einigermaßen in Einklang zu bringen wäre. In Anbetracht des natürlichen Lebensraums von Walrossen, müsste ein solches aber schon an sehr ausgeprägter und langanhaltender Orientierungslosigkeit gelitten haben, um in der Adria zu landen. Aber, wer weiß...

Natürlich wären dann feurige Zeichen am Himmel und Erdbeben[29] nur ein Zufall, was selbstverständlich denkbar ist. Unweigerlich muss man bei dieser Zusatzbemerkung aber an die Schriften von John Keel[30] denken, jenem amerikanischen Autor, der einen Zusammenhang zwischen unterschiedlichsten merkwürdigen Erscheinungen wie Kryptiden-[31] und UFO-Sichtungen

---

29 Zum Auftauchen von Erdbeben siehe auch Ufoscriptorium, Suchbegriff „Humboldt und das Chupa-Chupa".

30 Keel hat viel publiziert, an dieser Stelle sei insbesondere verwiesen auf John A. Keel, The Eighth Tower. On Ultraterrestrials and the Superspectrum, San Antonio ²2013.

31 Als Kryptiden bezeichnet man hypothetische noch nicht entdeckte, bzw. nicht allgemein anerkannte Tierarten. Die bekanntesten Beispiel sind sicher „Nessi" und „Bigfoot".

postuliert. Vielleicht haben wir hier ein frühes Beispiel für solche Zusammenhänge vor uns.

6 „Lichtwellen" auf dem Meer (1871)

Ein Bremer Kapitän namens Lehmann beobachtete am 23. März 1871 ein höchst merkwürdiges Lichtphänomen auf dem Meer. Während einer Fahrt von Singapur nach Labuan rief ihn sein Steuermann bei böigem und regnerischem Wetter abends um 10:45 an Deck. Dort angekommen wurde er von weißem, milchigen Licht geblendet, das so hell war, dass es in den Augen schmerzte. Das Licht, das seiner Beschreibung nach in der Form von „Wellen" erschien, bewegte sich aus einer Entfernung von ein bis zwei Schiffslängen aus Südosten auf das Schiff zu. Nach einer Weile wanderte der Ausgangspunkt der Lichtwellen von Süd-Ost nach Ost. Sie bewegten sich mit großer Geschwindigkeit und erweckten den Eindruck, als würden sie das Schiff „zu verschlingen "[32] drohen. Die Lichtwellen pulsten dabei mit einem zeitlichen Abstand von ca. ein bis zwei Sekunden heran. Das Spektaktel hielt bis etwa 11:30 an, dauerte also ca. 45 Minuten. Kapitän Lehmann berichtete, dass er nie im Leben wirklich Vergleichbares gesehen habe. Als annäherungsweisen Vergleich verweist er auf Schneewellen oder heranwehende Nebenlschwaden, betont aber, dass

---

32 Vgl. Wochenschrift des Gewerbe-Vereins Bamberg. 22. 1873, Naturwissenschaftliche Beilage, 02.1873.

die Ähnlichkeit dieser Phänomene wirklich nur als behelfsmäßige Beschreibung zu verstehen sei. Nachdem die Lichtwellen abebbten, konnten noch für ca. 15 Minuten Lichtblitze im Wasser beobachtet werden. Kapitän Lehmann erwähnt außerdem einen Kollegen namens Roß, der das Phänomen im Laufe seiner Karriere im gleichen Seegebiet mehrfach beobachtet haben will.

Heute fassen wir unter dem Begriff Meeresleuchten Phänomene, bei denen es innerhalb des Meeres zu Leuchtaktivitäten kommt. Diese sind auf sog. Biolumineszenz zurückzuführen und stehen im Zusammenhang mit Algen. Es leuchtet dabei also nicht das Wasser selbst, sondern die winzigen Algen im Wasser geben Lichtsignale ab, was den Eindruck leuchtenden Wassers erzeugt. Anekdotenhaft ist die Bandasee für regelmäßiges Meeresleuchten bekannt. Dieses Meeresgebiet befindet sich nicht weit von den Gefilden, in denen Lehmann sein Erlebnis hatte.

Dennoch muss man sich wundern, ob „einfaches" Meeresleuchten für seinen Bericht verantwortlich sein kann. Immerhin berichtet er deutlich von Lichtwellen, die noch am ehesten mit Nebelbänken zu vergleichen sind, sich also in der Luft, nicht im eigentlichen Meereswasser bewegten. Wurden hier Algen irgendwie vom Wind durch die Luft geweht und leuchteten dabei? Wie sollte aber dann der regelmäßige Puls von ein bis zwei Sekunden zu erklären sein?

7 Ein Mönch und der Teufel (1887)

Ende November 1887 erschien im *Rosenheimer Tagblatt*[33]
ein kleiner Artikel über seltsame Geschehnisse, die aus
Rom von Pater Bonaventura Lüthen (1846–1911)
berichtet wurden. Der Bericht ist in der Ich-Form
verfasst und scheint von einem in Rom lebenden
katholischer Ordensmann verfasst worden zu sein. Kern
der Geschichte ist aber nicht er selbst, sondern einer
seiner Ordenbrüder.

Die Ereignisse begannen demnach relativ harmlos:
Der betroffene Laienbruder spürte vermehrte Unzufrie-
denheit, vor allem mit seiner Tätigkeit in der Küche der
Ordensgemeinschaft. „Der Dämon" flüsterte dem Mann
zu, dass er dort nicht hin gehöre und zurückkehren sollte in die Welt. Nachdem der Laienbruder aber auf diese
„Verführungsversuche" nicht einging, stellten sich nach
ca. vier Wochen nun auch körperliche Symptome ein.
Bei der Arbeit überkam ihn ein Zittern und seine Lust
zur Arbeit schwand vollständig. Am Neujahrsabend
1886 überfiel den Mönch eine Vorahnung, dass ihm
Schlimmes widerfahren würde. In den folgenden Tagen

---

33   Der Wendelstein. Rosenheimer Tagblatt. Tageszeitung
     für Landwirtschaft, Gewerbe und Handel; offizielles
     Amts- und Nachrichtenblatt für alle Behörden. 1887 = Jg.
     17, Nr. 177, 27.11.1887.

traten „merkwürdige Erscheinungen hervor, die man als sonderbar bezeichnen und nicht erklären konnte." Leider beschreibt der Autor diese „Erscheinungen" nicht näher. Am 3. Januar nehmen die Ereignisse einen spektakulären Verlauf: Der Laienbruder erlitt einen „Anfall", in Zuge dessen er in die Luft geschleudert wurde und auf den Boden fiel. Dort liegend hob der Teufel „mit fürchterlicher Schnelligkeit die Füße abwechselnd in die Höhe, und schlug sie dann mit ebensolcher Schnelligkeit wieder auf den Boden nieder, [so] daß das Klopfen weithin gehört wurde."

Der Anfall oder die Attacke weitete sich im Folgenden auf seine Arme aus, die schnell umherkreisten. Seine Brüder, die ihn in der Zwischenzeit offenbar zunächst in sein Bett gebracht hatten, legten ihn nun auf Stroh direkt auf den Fußboden, damit er sich durch die Konvulsionen nicht verletzte. Dieser Zustand dauerte „Tag und Nacht" an und milderte sich nur kurzzeitig, wenn der Obere der Gemeinschaft oder der Arzt es befahlen, begann aber nach kurzer Zeit dennoch erneut. Der Laienbruder erlebte während dieser Anfälle ein Erstickungsgefühl und hatte Angst, zu sterben.

Der Betroffene selbst schrieb seinen Zustand dem Teufel zu und seine Umgebung war mit dieser Interpretation offenbar einverstanden – man behandelte ihn unter anderem mit Weihwasser aus Lourdes und reizte den Teufel damit zu noch stärkeren Attacken. Der Teufel „äußerte" sich auch akustisch durch den Kranken: Zunächst mit schrillen Pfiffen, dann auch mit „Tiergeräuschen", etwa wie von einem Hahn, einer Schlange, einer Katze, einem Kuckuck, einem Uhu oder einem Pferd. Gleichzeitig schien der Wille des Betroffenen immer stärker vom Teufel unterworfen zu werden, er machte Grimassen und verhöhnte Gott.

Zu einer Gelegenheit mischte man dem Kranken ohne sein Wissen Wasser aus Lourdes unter sein Essen. Er aß es anstandslos, begann aber sofort danach, sich wie wild zu gebärden, wütend zu werden und mit den Füßen zu stampfen. Das Treiben war für die Ordensleute vermutlich nicht viel weniger anstrengend als für den Betroffenen und am 14. Januar 1887 ersuchte der Oberste bei einem Kardinal die Erlaubnis für einen Exorzismus. Am 15. wurde der Kranke dann in die Kapelle gebracht und sollte exorziert werden. An dieser Stelle bricht die Nachricht mit dem Vermerkt ab, dass eine Fortsetzung folgt. Leider ist es mir nicht gelungen, die Fortsetzung zu finden, sie scheint nie erschienen zu sein. Um zu erfahren, wie der eigentliche Exorzismus verlief,

blättern wir fort, die Antwort findet sich drei Zeitungs-
ausgaben später.[34]

Während wir von dem Kranken keinen Namen haben, wird der Exorzist namentlich genannt: Pater Fran-
ziskus Jordan. Pater Jordan führte den Exorzimsus – wie
üblich in der katholischen Kirche – nach dem Rituale
Romanum aus. Der Kranke oder Besessene bzw. der
Teufel in ihm (je nach Interpretation) störte zu Beginn
des Rituals, als der Pater das kyrie eleison („Herr, erbar-
me dich") sprach, mit „gemeiner Dudel-Musik". Ähnlich, wie man es auch aus dem „Klassiker" dieses Film-
Genres, der Exorzist, kennt, machte der Dämon seinen
Unmut über den Vorgang auch durch Grunzen wie ein
Schwein und Widerworte deutlich. Teil des Rituals ist
auch die Frage nach dem Namen des Dämons. Diese
Frage musst oft und energisch wiederholt werden, bevor
der Dämon die Antwort nur stückchenweise preisgab:
„Lu", „Luzi", „Luzifer" waren seine Antworten. Beim
Aussprechen des Namens habe es ein Gerassel gegeben,
weil der Besessene auf einer Bank saß, diese aber im glei-
chen Moment gegen eine Wand schob oder warf und
dann, laut unserem Berichterstatter, wie schon früher

---

34 Der Wendelstein. Rosenheimer Tagblatt. Tageszeitung
    für Landwirtschaft, Gewerbe und Handel; offizielles
    Amts- und Nachrichtenblatt für alle Behörden. 1887 = Jg.
    17, Nr. 180, 3.12.1887.

vom Teufel in die Höhe geworfen wurde. Auf die ebenfalls zum Ritual gehörende Frage nach der Ursache für die Besessenheit, kam nach wiederum mehrmaligem Wiederholen der Frage die Antwort: „Keine Ursache; es war Gottes Wille". Die Antwort des Dämons auf die Frage, wie viele Teufel anwesend seien, lautete: Viele Legionen. Dies kann als Anspielung auf eine Geschichte des Markus- sowie Lukasevangeliums verstanden werden, in der Jesus einen Besessenen befreit und die bösen Geister in eine Schweineherde fahren lässt. Im weiteren Verlauf des Rituals hatten alle Anwesenden, inklusive des Besessenen das Gefühl, dass der Einfluss des Teufels immer schwächer wurde. Nach eineinhalb Stunden, es war inzwischen 1 Uhr mittags, war das Werk vollbracht: Der Teufel war gebannt.

Gerne wüsste man natürlich, wie es dem Betroffenen weiter ergangen ist. Gerne hätte man auch mehr über die merkwürdigen Erscheinungen erfahren, die leider so ungenau dargestellt werden, dass man sie nicht näher einordnen kann. Die beschriebenen konkreten Symptome, die am Kranken selbst auszumachen waren, lassen sich sicherlich leicht als psychische bzw. psychosomatische Erscheinungen verstehen, wenn man nicht auf den Teufel oder andere paranormale Einflüsse zurückgreifen möchte. Zuletzt seien noch einige kurze Worte zum Berichterstatter der Geschichte, Pater Bonaventura Lüthen gemacht: Der gebürtige Paderborner wurde 1872 zum Priester geweiht. Den durchführenden Exorzisten Frater John Baptist Jordan kannte er wohl schon seit 1881. Jordan gründete den bis heute existierenden Orden der „Salvatorianer" und Lüthen war an dieser Bewegung beteiligt. Die Art der Aufbereitung dieser Exorzismus-Geschichte lässt kaum einen Zweifel daran, dass der Berichterstatter Lüthen diese Geschehnisse im Kontext des Kulturkampfes Bismarcks gegen die katholische Kirche als Zeugnis der Wahrhaftigkeit des katholischen Glaubens ins Feld zu führen versuchte bzw. die Ereignisse als Ausweis dieser Wahrhaftigkeit verstand und sie deshalb verbreiten wollte.

8 Das Mädchen von Orlach (1831–1833)

In einer Ausgabe der *Neuen Speyrer Zeitung*[35] stolperte ich bei meinen Recherchen über einen Artikel, in dem wiederum eine andere Zeitung, nämlich die *Didaskalia*, für ihre Berichterstattung über einen Fall mit diversen angeblichen paranormalen Geschehnissen kritisiert. Der Fall soll sich 1831/32 in einem kleinen schwäbischen Ort namens Orlach abgespielt haben. In der *Speyerer Zeitung* wird der Fall um die „Geisterseherin aus Orlach" als Betrug oder Irrtum dargestellt und der *Didaskalia* vorgeworfen, unkritisch und sensationalistisch zu berichten. Die Ausgaben der *Didaskalia*, auf die sich die Kritik bezog, waren mir leider nicht zugänglich, wohl aber eine spätere Ausgabe, in der wiederum auf die Kritik aus Speyer reagiert wurde.

Nach Durchsicht der Zeitungsartikel beider Seiten ergab sich leider noch kein sehr umfassendes Bild der Geschehnisse (dieses hätte sich vermutlich in den nicht zugänglichen Ausgaben der *Didaskalia* finden lassen). Nach ein wenig Recherche hatte ich dann aber doch noch Glück: Ich fand heraus, dass der oben schon erwähnte Justinus Kerner (1786–1862) den Fall in einer sei-

---

35   Neue Speyerer Zeitung, Nr. 68, 4. April 1833.

48

ner Publikationen relativ detailliert dokumentiert hat.[36]
Was also geschah 1831 auf einem Bauernhof in Orlach?

In Orlach lebte der Bauer Grombach mit seiner Familie, bestehend aus ihm selbst, seiner Frau und vier Kindern. Darunter auch die zwanzigjährige Magdalena Grombach, die als sehr fleißig hinsichtlich körperlicher Arbeit, aber nicht sehr „schulaffin" beschrieben wird und im Mittelpunkt der folgenden Ereignisse stand. Die Familie war – der Region entsprechend – evangelisch und galt in der Gegend als rechtschaffend und vertrauenswürdig. Die merkwürdigen Ereignisse begannen mit dem Kauf einer neuen Kuh im Februar des Jahres 1831.

Die neue Kuh wurde im Stall angebunden, stand später aber an einer anderen Stelle, wobei sie weiterhin festgebunden war. Dies wiederholte sich mehrfach, was den Bauern zu einer Befragung „seiner Leute" (es wird nicht näher erwähnt, aber es dürfte sich um Knechte und/oder Mägde gehandelt haben) veranlasste: Niemand wollte für den Schabernack verantwortlich sein. Das Phänomen entwickelte sich dann – wie es in so vielen ähnlich gelagerten Geschichten oft berichtet wird – gewissermaßen weiter: Nun fand man die Schwänze der drei Kühe im Stall kunstvoll geflochten. Das Flechten

---

36 Vgl. Justinus Kerner: Geschichten Besessener neuerer Zeit, Karlsruhe 1834, 20–72.

von Tierhaaren ist ein aus Sagen und Geschichten der Feen-Folklore durchaus bekanntes Motiv und wird in der Regel dem „kleinen Volk", also Feen, Elfen, Zwergen usw. zugeschrieben. Es findet in Nordamerika auch im Zusammenhang mit angeblichen Bigfoot-Aktivitäten bzw. -Sichtungen Erwähnung.[37] Das Flechtwerk muss gekonnt vorgenommen worden sein, denn Kerner vermerkt eigens, dass es „so kunstreich [sei], als hätte es der geschickteste Bortenmacher gethan".[38] Die Kuhschwänze wurden nicht einzeln, sondern zusammen verflochten und das Flechtwerk erschien mehrfach erneut und in unerklärlich kurzer Zeit, nachdem die Hofbewohner es aufgelöst hatten. Dieses kuriose Spiel konnte sich dabei täglich vier bis fünf Mal wiederholen und hielt über mehrere Wochen an.

Während geflochtene Kuhschwänze zumindest in meinem Empfinden noch einen gewissen freundlichen, vielleicht fast kindlich-romantischen Charakter haben können, entwickelten sich die Ereignisse im Folgenden in deutlich düstere Bahnen. Der erste entsprechende Vorfall ereignete sich eines Tages während Magdalena die Kühe molk. Aus dem Nichts und ohne sichtbaren

---

37 Vgl. zu dieser Thematik ausführlich Joshua Cutchin/Timothy Renner: Where the Footprints End. High Strangeness and the Bigfoot Phenomenon Volume 1 – Folklore, o.O. 2020.

38 Vgl. Kerner 1834, 21.

Urheber wurde der jungen Frau eine saftige Ohrfeige verpasst. Der Schlag war so heftig, dass er ihr die Haube vom Kopf fegte. Das Phänomen erwies sich nun weiter als vielseitig bzw. wandelbar: Es begannen merkwürdige Tiere aufzutauchen. So beobachtete man mehrfach eine bis dato vor Ort unbekannte schwarz-weiße Katze, die Magdalena bei einer Gelegenheit angriff und in den Fuß biss und derer man niemals habhaft wurde. Ein anderes Mal flog aus dem Stall trotz verschlossener Türen ein schwarzer Vogel, eine Dohle oder Rabe. Diese Tiererscheinungen wurden von der Familie eindeutig in einen Zusammenhang mit den vorherigen Ereignissen gebracht, könnten von außen betrachtet aber sicherlich auch natürliche bzw. alltägliche Erklärungen haben. Dies kann man von den noch folgenden Ereignissen aber nur bedingt behaupten.

Das Jahr 1831 verlief mit ähnlichen Kleinigkeiten und Vorfällen wie bis hier her geschildert, aber im Februar 1832 kam eine neue Qualität hinzu: Am 8. Februar bemerkte Magdalena zusammen mit einem Bruder, dass im hinteren Teil des Stalls ein Feuer ausgebrochen war. Das Feuer wurde mit Hilfe der Nachbarn gelöscht und die Familie ging zunächst davon aus, dass Unbekannte das Feuer aus ebenfalls unbekannten Gründen gelegt hatten. Das plötzliche Auftauchen von Feuer wiederholte sich an verschiedenen Stellen des Hofes auch am 9., 10. und 11. Februar. An dieser Stelle sei angemerkt, dass spontane Brände zum durchaus üblichen „Repertoire" angeblicher Poltergeistaktivitäten gehören, auch wenn sie nicht das häufigste Phänomen in diesem Kontext darstellen. Nach diesen an vier aufeinander folgenden Tagen ausbrechenden Bränden wurden auf Bitten des Bauern vom lokalen Schultheißen Männer zur Bewachung auf den Hof gesandt, doch auch unter deren Augen brachen weiterhin spontan Brände aus.

Die Brände wichen wiederum neuen „Erscheinungen", die sich jetzt noch enger auf Magdalena zu beziehen schienen. Eines morgens hörte sie im Stall in einer Mauerecke das „Winseln" eines Kleinkindes, konnte aber nichts sehen. Der dazu geholte Vater hörte nichts. Noch am selben Morgen sah Magdalena dann, wieder im Stall, die „graue Schattengestalt einer Frau, die um Kopf und Leib etwas wie einen schwarzen Bund gewickelt hatte" und ihr winkte.[39]

Noch am gleichen Tag erweitert sich die Erscheinung um eine bedeutende Dimension. Während Magdalena das Vieh fütterte, erschien die Gestalt erneut und diesmal sprach sie zu ihr:

---

39 Vgl. Kerner 1834, 23.

„Das Haus hinweg! das Haus hinweg! Ist
es nicht bis zum 5. März kommenden Jahres abgebrochen, geschieht euch ein Unglück! Vorderhand aber zieht nur in Gottes Namen wieder ein, und das heute
noch, es soll bis dahin nichts geschehen.
Wäre das Haus abgebrannt, so wäre das
nach dem Willen eines Bösen geschehen,
ich habe es, euch schätzend, verhindert;
aber wird es nicht bis zum 5. März kommenden Jahres abgebrochen, so kann auch
ich nicht mehr ein Unglück verhüten und
verspreche mir nur, daß es geschieht."[40]

Dies kann als ein Wendepunkt in der Geschichte betrachtet werden: Das Phänomen tritt in verbale und di-
rekte Kommunikation mit Magdalena ein. Gleichzeitig
wird der Leser besonders skeptisch. Kerner gibt die Mit-
teilung der Frau wie oben zitiert wortwörtlich und sehr
detailreich wieder. Eine solche detaillierte und wort-
wörtliche Wiedergabe in direkter Rede weckt die Frage,
wie diese Informationen zu Kerner gelangt sind. Es kann
wohl kaum davon ausgegangen werden, dass Magdalena
fleißig mitschrieb, was ihr die Frau zu sagen hatte. Dies

---

40 Kerner 1834, 23.

wäre von Kerner sicherlich erwähnt worden, um die „Echtheit" der Geschichte zu untermauern. Gleichzeitig ist aus meiner Sicht zweifelhaft, dass das Mädchen sich die Reden der Geist-Frau so detailliert gemerkt hat, dass sie diese Kerner entsprechend genau mitteilen konnte. Wie kommt er also dazu? Meine Vermutung ist, dass er aus dem, was ihm von Magdalena sicherlich nur sinngemäß erzählt wurde, gewissermaßen extra-poliert hat und die jeweilige Kernbotschaft selbstständig in eine fiktive wörtliche Rede verwandelte. Darüber hinaus wird berichtet, dass der Vater die Ereignisse so genau wie möglich niederschrieb. Diese Aufzeichnungen dürften Kerner ebenfalls als Grundlage seines Berichts gedient haben.

Bei dieser letztgenannten Erscheinung waren nicht nur Magdalena, sondern auch ein Bruder und der Vater anwesend, die die Frau allerdings weder sahen noch hörten. Sie hörten lediglich Magdalena, die der Frau das Versprechen gab, dass das Haus abgerissen werden würde. Der Frauengeist blieb dann auch mitteilsam. Am Abend des 19. Februar erschien er Magdalena, die schon im Bett lag, erneut und gab weitere Hinweise über den eigenen Hintergrund:

„Ich bin wie du von weiblichem Geschlecht und mit dir in einem Datum ge-

boren. Wie lange, lange Jahre schwebe ich
hier!! Noch bin ich mit einem Bösen ver-
bunden, der nicht Gott, sondern dem
Teufel dient. Du kannst zu meiner Erlösung mithelfen."[41]

Die Geschehnisse scheinen sich nun also in eine ganz
„klassische" Geistergeschichte zu entwickeln. Geister,
die den Lebenden erscheinen, um von ihnen „erlöst" zu
werden, um dann von der Erde zu verschwinden, entsprechen den im 19. Jahrhundert gängigen Vorstellungen
davon, warum Geister überhaupt erscheinen. Beginnt
Magdalena, vielleicht ohne, dass es ihr selbst bewusst ist,
die bisher scheinbar sinnlosen merkwürdigen Geschehnisse in ein für sie selbst „sinnhaftes" Format zu bringen? Die Frage kann selbstverständlich nicht geklärt
werden, wird aber durch den auffälligen Verlauf der Geschichte provoziert.

Einige Wochen später, am 25. April wird der Geist
noch konkreter als bisher:

„Grüß dich Gott liebe Schwester! ich bin
auch von Orlach gebürtig und mein Name
hieß Anna Maria. Ich bin geboren den 12.
September 1412 [...]. Im zwölften Jahre

---

41 Kerner 1834, 23.

meines Alters bin ich mit Hader und Zank
ins Kloster gekommen, ich habe niemals
in's Kloster gewollt."[42]

Den Grund für den Streit, der zur Klostereinweisung
führte, wollte der Geist nicht nennen. Kerner vermerkt
aber noch, dass Magdalena ebenfalls am 12. September
geboren sei. Im weiteren Verlauf des Gesprächs[43] fragte
Magdalena, ob der Geist nicht auch mal einer anderen
Person erscheinen könnte, um zu beweisen, dass es sich
nicht nur um ihr eigenes Hirngespinst handelte. Die
Idee war Magdalena von einem Geistlichen gegeben
worden und der Geist antwortete:

„Kommt wieder ein Geistlicher, so sage
ihm, er werde wohl das, was in den vier
Evangelien stehe, auch nicht glauben, weil
er es nicht mit Augen gesehen. Es sagte
auch ein anderer Geistlicher zu dir (das
war wirklich so) du sollest sagen wie ich
(der Geist) beschaffen sey. Spricht einer
wieder so, so sage ihm: er solle einen Tag in

---

42 Kerner 1834, 23f.
43 Oder innerhalb weiterer Gespräche, dies wurde mir aus
    Kerners Darstellung nicht ganz ersichtlich.

die Sonne sehen und dann soll er sagen,
wie die Sonne beschaffen sey."[44]

Der Geist weicht also aus, will oder kann anderen Personen offenbar nicht erscheinen, obwohl zuvor ja durchaus „handfeste" Phänomene wie die geflochtenen Kuhhaare, die Backpfeife und Feuer auftraten.

Nachdem die geisterhafte Frau Magdalena von Februar bis Mai 1832 mehrfach erschien und kommunizierte, kündigte sie zuletzt an, dass sie selbst eine Weile nicht auftauchen könne. Stattdessen, so warnte sie, habe Magdalena Anfechtungen durch den bösen Geist, von dem sie bereits berichtet hatte, zu erwarten. Sie schärfte Magdalena ein, dass sie seinen Angeboten niemals nachgeben und ihm niemals eine Antwort geben dürfe. Hier scheint also wiederum ein Wendepunkt der Geschehnisse vorzuliegen, denn in der Tat wechseln die Ereignisse nun erneut ihren Charakter.

Am 24. Juni 1832 war Magdalena alleine in der Küche, um das Mittagessen für die Familie nach deren Kirchgang vorzubereiten, als sie aus dem Stall einen lauten Knall hörte. Als sie nun dorthin eilen wollte und sich vom Herd entfernte, sah sie plötzlich einen ganzen Haufen gelber Frösche auf dem Herd. Die Frösche sa-

---

44 Kerner 1834, 24.

hen so ungewöhnlich aus, dass sie einige einsammeln wollte, um sie der Familie zeigen zu können. Eine Stimme aus dem Fußboden, die sie der Geister-Frau zuordnete, rief ihr zu, sie solle die Frösche gehen lassen. Daraufhin verschwanden diese.

Nun begann scheinbar der Kontakt mit dem bereits angekündigten „schwarzen", also bösen Geist. Er machte sich zuerst am 2. Juli um 2 Uhr morgens bemerkbar, als Magdalena mit ihrem Vater auf dem Weg zum Feld war, um zu mähen. Sie hörte seine Stimme, sah eine schwarze Katze, einen schwarzen Hund, ein schwarzes Fohlen. Der Vater konnte nichts davon sehen oder hören. Am 5. Juli sah sie ein schwarzes Pferd ohne Kopf und dann schließlich am Nachmittag des gleichen Morgens einen „schwarzer Mann", der sie verhöhnte und offenbar eine Reaktion provozieren wollte:

> „Das ist eine rechte Schachtelgret, die als zu dir kommt, was will denn diese? Dieser mußt du gar nichts antworten, das ist ein schlechtes Mensch, aber antworte du mir, dann geb ich dir den Schlüssel zum Keller unter deinem Hause. Da liegen noch acht Eymer vom ältesten Wein und viele, viele köstliche Dinge. An dem Weine könnte

dein Alter noch lange bürsten, das ist auch
was werth."[45]

Derlei „Auftritte" des „schwarzen Mannes" kamen im
Folgenden gehäuft in verschiedenen Gestalten vor und
immer versuchte er, Magdalena zu einer Antwort an ihn
zu reizen. Bei einer Gelegenheit tauchte ein Säcklein mit
Geld im Stall auf, das niemandem zu fehlen schien. Später tauchte dann der „schwarze Mann" auf, den Magdalena inzwischen aufgrund seines Erscheinungsbildes als
Mönch bezeichnete, und erklärt sich zum Urheber dieses Geldgeschenks. Der Frauengeist erschien später ebenfalls und riet Magdalena in erwartbarer Weise, das Geld
nicht anzunehmen. Diese „Verführ"-Spielchen gingen
noch weiter, der Mönch tauchte weiterhin in unterschiedlichen Gestalten (z.B. als schwarzer Bär, Krokodil,
Schlange), z.T. als Nachbar „getarnt" auf und versuchte,
Magdalena eine Reaktion bzw. Antwort auf seine meist
relativ unverschämten Ansprachen abzuringen. Sie blieb
aber standhaft.

Ein weiteres neues Element schien sich nach einem
Besuch des Mönches in Gestalt eines „monströsen Thie-
res, das mitten am Leibe einen Hals hatte" zu entwickeln: Magdalena verfiel zu dieser Gelegenheit und wei-

---

45 Kerner 1834, 26.

teren in der Zukunft in eine Art Anfall, bei dem sie sich scheinbar in Trance befand und mit linkem Arm und Bein zuckte bzw. um sich schlug, vor allem, wenn man sich mit einer Bibel näherte. Das Mädchen war Ansprechbar und die Eltern zogen u.a. einen Arzt hinzu. Auf die Frage, was sie habe, antwortete sie „der Schwarze" und schlug mit ihrer rechten Hand auf ihre linke Seite. Offenbar hatte sich so etwas wie eine halbseitige Besessenheit eingestellt. Dabei ist zu bemerken, dass in manchen Kulturen die linke Seite als die vom „rechten Pfad" abgekommene betrachtet wird, im Lateinischen findet sich eine solche Vorstellung eventuell indirekt im Wort „sinister", das sowohl „links" als auch „finster" bedeuten kann.

Sie berichtete, dass der Mönch sie nun habe überwältigen wollen, ihr die Geister-Frau aber schließlich zu Hilfe gekommen sei. Die beiden hätten sich dabei in einer ihr unverständlichen Sprache gestritten, bevor der Mönch dem guten Geist weichen musste.

Den Eltern wurde die Sache nun scheinbar endgültig unheimlich und der Vater bereitete den vom guten Geist geforderten Abbruch des Hauses bzw. Stalls vor. Seit dem 25. August „besetzte" der Mönch sie nun bei seinem Erscheinen sogleich und begann auch, mit ihrer Stimme zu sprechen. Sie sah ihn dabei an ihre linke Seite treten und spürte fünf kalte Finger im Nacken. Zur Veranschaulichung der Anfälle sei hier kurz die Beschreibung Kerners direkt wiedergegeben:

„Das Mädchen hat dabey den Kopf auf die linke Seite gesenkt und die Augen immer fest geschlossen. Eröffnet man sie gewaltsam, sieht man die Augensterne nach oben gekehrt. Der linke Fuß bewegt sich immer heftig hin und her, die Sohle hart auf dem Boden. Das Hin und Herbewegen des Fußes dauert während des ganzen Anfalles (der oft vier bis fünf Stunden währt) fort, so daß die Bretter des Bodens mit dem nackten Fuße (man zieht ihr gewöhnlich Schuhe und Strümpfe zur Schonung aus) ganz abgerieben werden und hie und da aus der Fußsohle endlich Blut kommt. Wäscht man aber nach dem Anfalle das Blut ab, so bemerkt man auf der Haut nicht die mindeste Aufschirfung, die Sohle ist wie der ganze Fuß eiskalt und das Mädchen fühlt auch nicht das mindeste an ihr, so daß sie sogleich nach dem Erwachen wieder rasch Stunden weit von dannen läuft. Der rechte Fuß bleibt warm. Ihr Er-

wachen ist wie das aus einem magneti-
schen Schlafe. Es geht ihm gleichsam ein
Streiten der rechten mit der linken Seite
(des Guten mit dem Bösen) voran. Der
Kopf bewegt sich bald zur rechten bald
wieder zur linken Seite, bis er endlich auf
die rechte Seite fällt mit welcher Bewegung
der schwarze Geist gleichsam wieder aus
ihr heraus fährt und ihr Geist wieder in
ihren Körper zurücktritt. Sie erwacht und
hat keine Ahnung von dem, was inzwischen in ihrem Körper vorgegangen und
was der schwarze Geist aus ihm gesprochen."[46]

Die hinzugezogenen Ärzte interpretierten Magdalenas
Zustände als eine Form der Epilepsie, auch wenn die
Symptome im Detail doch sehr ungewöhnlich waren. So
beobachtete man etwa, dass die linke Körperhälfte während der Anfälle deutlich kälter war als die rechte, die
eine normale Temperatur zeigte. Man gab entsprechende Therapie-Hinweise, die allerdings von den Eltern, die
der Besessenheits-Theorie zuneigten, ignoriert wurden.

---

46 Kerner 1834, 36f.

Der Frauengeist versicherte dem Mädchen in der Zwischenzeit, dass dieser unangenehme Zustand ein Ende nehmen würde, wenn sie standhaft bliebe und vor allem der gewünschte Haus-Abbruch innerhalb der genannten Frist realisiert werden würde. Derweil hatte sich die Geschichte vom besessenen Mädchen herumgesprochen und Schaulustige tauchten auf dem Hof der Familie auf, um Magdalena zu sehen. Unter diesen befand sich auch ein Pfarrer namens Gerber, der wiederum Autor des eingangs erwähnten Artikels in der *Didaskalia* werden sollte.

Am 4. März, also einen Tag vor dem Abbruch des Stalls, erschien Magdalena erneut die weiße Frau, diesmal so hell glänzend, dass sie kaum anzusehen war, und erzählte ihr nun die ganze, ziemlich grausige Geschichte:

„Ein Mensch kann keinen Geist durch Erlösung in den Himmel bringen, dazu ist der Erlöser in die Welt gekommen und hat für alle gelitten, aber genommen kann mir durch dich das Irdische werden, das mich noch so da unten hielt, dadurch daß ich die Unthaten, die auf mir lasteten, durch deinen Mund der Welt sagen kann. O möchte doch Niemand bis nach dem Ende warten, sondern seine Schuld immer noch

vor seinem Hinscheiden der Welt bekennen! In meinem zwei und zwanzigsten
Jahre wurde ich als Koch verkleidet von jenem Mönch, dem Schwarzen, vom Non-
nenkloster in's Mönchskloster gebracht.
Zwei Kinder erhielt ich von ihm, die er je-
desmal gleich nach der Geburt ermordete.
Vier Jahre lang dauerte unser unseliger
Bund, während dessen er auch drey Mön-
che ermordete. Ich verrieth sein Verbre-
chen, doch nicht vollständig, — da ermordete er auch mich. O möchte doch (wiederholte sie noch einmal) Niemand bis
nach dem Ende warten, sondern seine
Schuld immer noch vor seinem Hinscheiden der Welt bekennen!"[47]

In dieser finalen Vision war außer der weißen Frau auch
ein schwarzer Hund zu sehen, der vor ihr stand und
Feuer auf die weiße Frau spie, ihr allerdings nichts anha-
ben konnte. Die weiße Frau versicherte Magdalena, dass
sie nun von allem Irdischen frei wäre und streckte ihr –
scheinbar zum Abschied – die Hand entgegen. Magdalena traute sich nicht, die Hand direkt zu berühren und

---

47 Kerner 1834, 41.

tat dies deshalb nur mit einem Taschentuch, in das sich bei Berührung der weißen Frau Brandstellen einprägten, die später nicht nach Feuer gerochen haben sollen.

Magdalena wurde nach dieser Vision gefunden und zu einem Nachbarn gebracht, da der Abriss des Hauses voran gehen sollte. Dort ereignete sich eine letzte Besetzung durch den Mönch, der nun allerdings „etwas Weißes" am Kopf hatte und folgende Worte sprach: „Nicht wahr ich bin auch da? Du wirst recht weinen, weil es das letztemal ist! Du siehest nun doch auch etwas Weißes an mir."[48]

Sie blieb nun von Sonntag bis Dienstag besessen, aß und trank nichts und schied in dieser Zeit auch nichts aus. Am Montag[49] erschienen eine Menge Leute, um dem echten oder vermeintlichen Dämonen Fragen zu stellen, die dieser zum Großteil auch beantwortete. Montagnacht berichtete der Mönch nun, dass er auf den rechten Pfad zurückgekehrt sei und erzählte außerdem, ähnlich wie zuvor die weiße Frau, seine Geschichte:

> „Mein Vater war ein Edler von Geislingen
> eine Stunde von Orlach. Da hatte er ein
> Raubschloß auf dem Löwenbuk bey Geis-
> lingen zwischen dem Kocher und der Büh-

---

48 Kerner 1834, 42.
49 Kerner ist hier nicht ganz deutlich, meiner Ansicht nach,
    müsste es aber der Montag gewesen sein.

ler, man muß seine Mauern noch finden. Ich hatte noch zwey Brüder. Der älteste, der nicht weiter kam als wo ich auch bin, bekam das Schloß, der andere kam im Kriege um. Ich wurde zum geistlichen Stande bestimmt. Ich kam in's Kloster nach Orlach, wo ich bald der Obere wurde. Der Mord von mehreren meiner Klosterbrüder, von Nonnen und von Kindern, die ich mit ihnen erzeugte, lastet auf mir. Die Nonnen brachte ich in männlicher Kleidung in das Kloster und fand ich an ihnen keinen Gefallen mehr, ermordete ich sie. Eben so ermordete ich die Kinder, die sie geboren, sogleich nach der Geburt. Als ich die ersten drey meiner Klosterbrüder ermordet hatte, verrieth mich die, die du die Weiße nennest. Aber in der Untersuchung wußte ich mir dadurch zu helfen, daß ich meine Richter bestach. Ich ließ die Bauern während der Heuernte zusammen kommen und erklärte ihnen, keine Messe mehr zu lesen, würden sie mir nicht ihre schriftlichen Dokumente ausliefern, dann würde zur Heuernte es immer regnen, ich würde Fluch über ihre Felder beten *). Sie gaben ihre Dokumente, die die Gerechtsame Orlachs enthielten, und die lieferte ich meinem Inquisitor aus. Wieder in's Kloster zurükgelassen, ermordete ich meine Verrätherin, darauf noch drey meiner Klosterbrüder und nach vier Wochen, im Jahre 1438, mich selbst. Als Oberer wußte ich meine Opfer in's Verborgene zu locken und erstach sie da. Die Leichen warf ich in ein gemauertes Loch zusammen. Mein Glaube war: mit den Menschen ist es nach dem Tode wie mit dem Vieh, wenn es geschlachet ist, wie der Baum fällt, bleibt er liegen. Aber — aber, es ist ganz anders, es ist eine Vergeltung nach dem Tode."[50]

Gegen halb zwölf Uhr mittags am 5. März endete die Bessenheit dann endgültig. Beim Abbruch des Hauses, der zeitgleich stattfand, wurden Überreste älterer Anlagen gefunden. Genauer gesagt, fand man einen ehemaligen Brunnen, in dem menschliche Knochen lagen.

Damit endete der Spuk, Magdalena zeigte in Zukunft keine der genannten Symptome und berichtete

---

50   Kerner 1834, 43f.

auch von keinen weiteren Visionen. In Kerners Aufzeichnung der Geschichte kommt auch der Autor des initialen Zeitungsartikels, der schon erwähnte Pfarrer Gerber noch einmal zu Wort. Er reagiert auf die Kritik an seinem Text, was löblich ist, da die Kritik selbst recht unpräzise und spekulativ daherkommt und insofern nur schwer ernst genommen werden kann.

Der seltsame Fall ist regional bekannt, es gibt gar ein Theaterstück, das den Fall verarbeitet. Wie so oft, kann außer der Darstellung der angeblichen Geschehnisse wenig getan werden und ohne neues Material wird er unaufgeklärt blieben. Je mehr ich mich mit derartigen Geschichten beschäftige, desto stärker wird mir die Idee, dass ein Theaterstück vielleicht gar nicht der schlechteste Vergleich dafür ist, was sich womöglich abspielte. Man verstehe mich nicht falsch, ich ziele damit nicht auf vermeintliche Betrugsabsichten ab. Auch wenn diese sicherlich nicht vollkommen ausgeschlossen werden können, gibt es keine starken Hinweise darauf. Es hat niemand wirklich von der Geschichte profitiert. Ich gehe also zunächst davon aus, dass die Beteiligten die Geschichte ungefähr wie berichtet tatsächlich erlebt und wahrgenommen haben.

Ein gewisses dramatisches Element, vor allem die „Steigerung" der Phänomene und schrittweise Enthül-

lung einer zugrundeliegende „Story", kann aber dennoch nicht abgestritten werden und so muss man sich
die Frage stellen, ob irgendwer oder irgendetwas womöglich ganz beabsichtigt derlei kleine „Dramen" für
und mit den betroffenen Menschen aufführte. Doch das
ist selbstverständlich reine Spekulation.

9 Der Bauer, der unheimliche Besucher und ein schwieriger Auftrag (1816)

Am 15. Januar 1816 spielte sich Seltsames auf einem Acker in der Nähe des nordfranzösischen Dorfes Gallardon ab, so man der Überlieferung glaubt.[51] Der Bauer Ignaz Thomas Martin war gerade mit der Düngung eines Ackers beschäftigt, als er plötzlich und ohne ihn kommen zu sehen, einen Mann vor sich bemerkte. Der Mann war etwa 1,6m groß, schlank und machte hinsichtlich seiner sehr hellen Haut einen zarten

---

51 Ich bin auf diese Geschichte über eine Artikelserie, deren erster Teil sich in der Zeitung Der bayerische Volksfreund" (29.10.1830) findet, aufmerksam geworden. Es stellte sich daraufhin heraus, dass hier wiederum eine anonyme französische Veröffentlichung, die wohl erstmals 1816 erschien, zugrunde liegt. Unter dem Titel „Relation concernant les événemens qui sont arrivés au sieur Martin, laboureur à Gallardon, en Beauce, dans les premiers mois de 1816. Nouvelle édition, revue et augmentée de plusieurs lettres du sieur Martin sur de nouvelles apparitions, et d'un récit tiré des Mémoires d'une femme de qualité" ist ein späterer und erweiterter Druck, herausgegeben 1830 in Paris von einem Louis Silvy, auch online verfügbar. Der Text der Artikelserie findet sich in einer deutschen Übersetzung des besagten französischen Originals, die 1827 in Würzburg herausgegeben wurde. Diese deutsche Übersetzung stellt meine wesentliche Informationsbasis dar. Anonym: Bericht über die Begebenheiten welche sich mit einem Landbauer in La Beauce in den ersten Monaten des Jahres 1816 zugetragen haben. Aus dem Französischen übersetzt, Würzburg 1827.

Eindruck. Dabei trug er einen geschlossenen, gelben Überrock, der ihm bis zu den Füßen reichte, gebundene Riemenschuhe sowie einen hohen, runden Hut. Der Fremde sprach den Bauern an, indem er ihn aufforderte, er müsse zum König (Ludwig XVIII.) gehen, um ihn vor der Gefahr eines Umsturzes zu warnen.

Als Hintergrund sei hier zu vermerken, dass Ludwig gerade erst durch den beträchtlichen militärischen Einsatz der Alliierten gegen Napoleon zur Herrschaft gelangt war und Frankreich sich noch in deutlichen politischen Spannungen und „Nachwehen" befand. Die Warnung war also durchaus nicht all zu unrealistisch, vermutlich nicht einmal überraschend. Sie ging dann auch mit weiteren Ratschlägen einher, die sich im wesentlichen auf eine strengere Kontrolle des politischen Geschehens im Hintergrund durch den staatlichen Sicherheitsapparat erstreckten. Der seltsame Besucher warnte außerdem davor, dass die Bevölkerung Frankreichs den Tag des Herrn (Sonntag) nicht mehr achte und der König entsprechende Tätigkeitsverbote für den Sonntag verhängen solle. Es sollten außerdem generell Ausschweifungen abgestellt und Buße getan werden. Dieser Forderungskatalog bezüglich des religiösen Lebens erinnert dabei in der Grundstoßrichtung an „altbekannte" Forderungen von Propheten im Alten und Neuen Testament (und zahlloser Theologen in Mittelalter und Neuzeit).

Nachdem der arme Bauer nachfragte, warum gerade er dem König diese Nachricht überbringen solle und der Besucher es nicht selbst täte, bekräftigte dieser nur, dass Ignaz es tun müsse und er Acht geben und genau auf ihn, den Fremden, hören solle. Danach „verschwand" der seltsame Fremde auf wiederum *sehr* seltsame Art: „Seine Füße schienen sich vom Boden zu erheben, sein Haupt sich zu neigen, sein Körper ward immer kleiner, endlich bis zur Mitte unsichtbar, als ob er in die Luft zerflossen wäre."[52]

Sehr erschreckt ob dieses Gebarens wollte Ignaz fortgehen, sah sich dazu aber unerklärliche Weise außer Stande. Stattdessen setzte er deshalb seine Düngung fort, für die er zu seiner Überraschung lediglich anderthalb statt der eigentlich erwarteten zweieinhalb Stunden brauchte. Nach getaner Arbeit kehrte Ignaz ins Dorf zurück und erzählte seinem Bruder von seinem Erlebnis. Gemeinsam erzählten sie es wiederum dem ansässigen Pfarrer, der die Episode auf Ignaz Fantasie schob, was Ignaz allerdings nicht überzeugte.

Wirkmächtiger als die Worte des Pfarrers waren womöglich weitere „Besuche" des Fremden: Am 18. Januar

---

52   Anonym 1827, 10.

tauchte er im Keller auf, als Ignaz Äpfel aus diesem holen wollte. Ignaz flüchtete vor der Erscheinung. Am 20. Januar erschien der Besucher, als Ignaz gerade den Weinkeller betrat, wobei die Reaktion des Bauern die Gleiche wie beim Besuch zuvor war. Gleich am nächsten Tag, Sonntag, erschien der Fremde Ignaz, als dieser in der Kirche war. Der Fremde blieb die ganze Messe über außerhalb der Kirchenbank stehen. Ignaz fiel auf, dass er währenddessen weder auf dem Kopf noch in der Hand einen Hut hatte.[53]

Nach der Messe folgte er Ignaz bis nach Hause, dabei trug er wieder seinen Hut. Sobald Ignaz durchs Tor gegangen war, stand der Fremde plötzlich vor ihm und erinnerte ihn an seinen Auftrag, vor dessen Ausführung er keine Ruhe vor ihm habe, nur um danach zu verschwinden. Freunde und Bekannte, die auch in der Kirche gewesen waren, hatten den Fremden nicht gesehen. Der Pfarrer des Ortes hielt in den folgenden Tagen eine Messe ab, um die Ignaz gebeten hatte: Er sollte Klarheit über das seltsame Erleben bekommen und ihn davon befreien. Noch am selben Tag erschien der Fremde erneut, um Ignaz mit großem Ernst an seinen Auftrag zu erinnern.

---

53 In diesen Zeiten war es eher unüblich, ohne Kopfbedeckung das Haus zu verlassen. In der Kirche wurde diese dann als Geste des Respekts normalerweise abgenommen.

Der Pfarrer, dem Ignaz alle Erlebnisse weiterhin berichtete und der diese aufschrieb, schickte ihn schließlich zum Zwecke der Seelsorge zum zuständigen Bischof[54] nach Versailles, nachdem Ignaz wohl angefangen hatte, unter der Situation zu leiden, seinen Appetit verlor und schlecht schlief. Am 27. Januar hatte Ignaz nun eine Audienz beim Bischof. Der Bischof hörte sich die Geschichte an und beauftragte Ignaz damit, den Fremden bei dessen nächstem Erscheinen im Namen des Bischofs zu fragen, wie er heiße, wer er sei und wer ihn sende. Ignaz reiste nun guten Mutes wieder nach Hause und zwischen Pfarrer und Bischof entwickelte sich ein Briefaustausch über den Stand der Dinge. Diese Berichte, die von Ignaz an den Pfarrer und von diesem wiederum an den Bischof gingen, leitete letzterer aufgrund der politischen Implikationen wiederum an das Ministerium der Generalpolizei.

Am 30. Januar kehrte der Fremde zu Ignaz zurück und zeigte sich zufrieden, dass dieser mit seinem Auftrag begonnen hatte. Er, der Fremde, sei unsichtbar bei dem Gespräch mit dem Bischof dabei gewesen und er gab Ignaz so etwas wie eine Antwort auf die Fragen des Bischofs: „Man hat euch aufgetragen, mich zu fragen, wie

---

54 Es müsste sich dabei um Louis Charrier de La Roche gehandelt haben (Bischof von Versailles von 1801 bis 1827).

ich heiße, und woher ich komme. Mein Name wird unbekannt bleiben; übrigens komme ich von dem, der mich gesandt hat, und der mich gesandt hat, ist über mir. (Bey diesen Worten wies er zum Himmel.)."[55]

Bei dieser Gelegenheit fragte Ignaz erneut, warum gerade er als einfacher Landmann den Auftrag bekommen hatte. „Um den Stolz zu demüthigen"[56] lautete die Antwort, die außerdem einige Anweisungen zur Frömmigkeit Ignaz' enthielt.

Auch im Februar erschien der Unbekannte öfter und wurde scheinbar redseliger. Er deutete an, dass das Königshaus nach intensivem Beten seinen Thron durch Gott zurückbekommen habe und nun, da es wieder regiere, Gefahr laufe, die eigene Frömmigkeit und Dankbarkeit etwas schleifen zu lassen, was wiederum zu beträchtlichem zukünftigen Schaden für Frankreich und dessen Bewohner führen würde. Er kündigte außerdem an, dass Ignaz dem König, wenn er erst einmal eine Audienz habe, Dinge aus der Zeit seines Exils mitteilen würde (wohl durch den Unbekannten), die niemand sonst als der König wissen könne. Ähnliche Erscheinungen gab es noch einige, der Fremde versuchte beharrlich

---

55 Anonym 1827, 16.
56 Ebd.

Ignaz zur Umsetzung seines Auftrags zu bewegen; der Pfarrer berichtete alles wie gewohnt dem Bischof.

In der Zwischenzeit erhielt der Graf von Breteuil, der Präfekt des Département Eure-et-Loir, ein Schreiben des Ministers der Generalpolizei, in dem er sich erkundigte, wie die Sache mit Ignaz nun zu beurteilen sei und den Auftrag, diese Frage zu klären. Zu diesem Zwecke lud er Ignaz und seinen Pfarrer zu sich ein. Der Unbekannte erschien erneut und ermahnte Ignaz, die Botschaft so wie erhalten zu übermitteln.

Am 6. März erzählte Ignaz dem Präfekten die gesamte Geschichte. Nach Rücksprache mit dem Pfarrer war der Präfekt offenbar überzeugt genug, Ignaz nach Paris zum Minister der Generalpolizei zu schicken, wo er seine Aussage wiederholen sollte. Zusammen mit einem Sergeant Herrn André reiste Ignaz also nach Paris, wo er von mehreren Sekretären und dem Minister im Laufe mehrerer Tage „verhört" wurde und sogar von dem für die Geschichte der Psychiatrie bedeutsamen Arzt Philippe Pinel (1745–1826) untersucht worden sein soll. In dieser Zeit ereigneten sich auch mehrere „Erscheinungen" des Fremden, die sich im Wesentlichen als ein „Gut-Zureden" in die Richtung Ignaz' darstellen. Bemerkenswert ist hier allerdings, dass der Unbekannte bei einer seiner Erscheinungen doch noch seinen Namen verriet:

Er sei der Erzengel Raphael und habe die Vollmacht habe, Frankreich, wenn nötig, mit allerlei Plagen heimzusuchen. Wie schon zuvor gab es auch hier Gelegenheiten, zu denen eigentlich nicht nur Ignaz den Fremden hätte wahrnehmen müssen. Es blieb aber dabei, dass er der einzige war, der den Unbekannten sah und hörte. Insofern und im Zusammenhang mit der Einschaltung Pinels, ist es vielleicht nicht so überraschend, dass Ignaz schließlich nach Charenton ins „Krankenhaus"[57] gebracht wird.

Dort wurde er von Direktor und Oberarzt erneut befragt und wieder entstand der seltsame Widerspruch, dass Ignaz offenbar bei Verstand war, sich jedenfalls nicht auffällig verhielt, aber dennoch unbeirrt an seiner Geschichte festhielt. In dieser Zeit schrieb er einen Brief an seine Familie daheim, in dem er seine Ansicht bekräftigte. Er würde alles tun, was die Ärzte verordnen, es würde aber keine „Besserung" eintreten, bis der Auftrag erfüllt sei, da er selbst nicht krank, sondern der alte sei. Er war also von der Realität des Engels und seines Auftrags inzwischen offenbar überzeugt. Auch der Pfarrer bekam Kunde davon, dass Ignaz nun als „Irrer" im

---

57 Da entsprechende Einrichtungen damals von dem, was wir heute Krankenhaus nennen, zum Teil relativ weit entfernt waren, setze ich den Begriff hier in Anführungszeichen, um falsche bzw. moderne Assoziationen zu vermeiden.

Krankenhaus sei und versuchte wiederum mit Briefen beim Minister zu intervenieren. Er argumentierte, dass Ignaz nicht verrückt sei, wenn aber doch, so sei er harmlos und wäre Zuhause am besten verwahrt, zumal seine Landwirtschaft bestellt werden müsse. Der Minister zeigte sich freundlich und ließ Ignaz' Frau Geld zukommen, damit hiervon die Bestellung der Felder bezahlt werden konnte.

Auch während seines Krankenhausaufenthaltes brach der Engel sein Wort: Nachdem er Ignaz bei einer Gelegenheit gesagt hatte, er würde ihm fortan nicht mehr erscheinen, tauchte er einige Tage später doch wieder auf und wiederholte seine düstere Prognose für Frankreich. Inzwischen war unter anderem der Erzbischof von Reims auf Ignaz aufmerksam geworden und schickte jemanden ins Krankenhaus, um sich ein Bild zu machen. Auch bei Hofe wurde die Geschichte bekannt und nähere Erkundigungen vor Ort eingezogen. Ignaz erlebte in der Zwischenzeit eine weitere Erscheinung, die nun aber eine neue Qualität an sich hatte: Der Engel drückte Ignaz' Hand und öffnete außerdem seinen Überrock etwas. Aus der Öffnung soll ein strahlendes Licht gedrungen sein, so dass Ignaz seine Augen mit der Hand abschirmen musste. Der Engel deutete außerdem auf seine Stirn und sagte, dass der verworfene Engel hier das Zeichen seines Falls trage, bei ihm aber kein solches Zeichen zu sehen sei. Ignaz sollte davon berichten, denn, so der Engel, es würde zu einer Kontroverse darüber kommen, ob er ein guter oder gefallener Engel sei.

Am 2. April schließlich wurde Ignaz aus dem Krankenhaus nach Paris gebracht und erhielt schließlich tatsächlich seine Audienz beim König. Kurz vor der Audienz erschien der Engel ein allerletztes Mal, um Ignaz wiederum zu versichern, dass ihm die rechten Worte einfallen würden, wenn er vor dem König stünde. Das eigentliche Treffen soll unter vier Augen stattgefunden haben und durch einen schriftlichen Bericht Ignaz' festgehalten sein. Der König wird hier in einem auffallend eindimensional-positiven Licht gezeichnet (wie es – das gesamte Buch über – auch für Ignaz gilt) und liest sich als deutliche Stellungnahme für die Monarchie. Ignaz jedenfalls konnte nun seine Nachricht endlich dem Empfänger zuführen und kehrte in seine Heimat zurück.

Das Büchlein schließt mit einer Übersetzung von Stellungnahmen, die u.a. der Pfarrer im Kontext seiner „Überprüfung" angefertigt hätte. Es wird außerdem das Erscheinen der Geschichte in einer britischen und französischen Zeitung erwähnt und die ganze Sache hinsichtlich ihrer Glaubhaftigkeit diskutiert – allerdings mit einem deutlichen „Vertrauensvorsprung" für Ignaz und den Engel.

Wie schon beim früher diskutierten Fall der Marienerscheinungen im Elsass haben wir hier in der Retrospektive das Problem, dass die Schrift einen deutlichen religiös-politischen Charakter hat und insofern auch leicht als „Propaganda" verstanden werden kann. Zumal einige Stellen – ähnlich wie beim schon besprochenen Fall des geistersehenden Mädchens in Baden-Württemberg – den Ablauf des angeblichen Geschehens derart detailliert schildern, dass man sich wundert, ob seit dem Auftauchen des Engels permanent ein Protokollant zugegen war. Auch hier gilt wieder, dass im Rahmen eines solchen kleinen Blickes in die Vergangenheit, der bewusst als „inspirativ", nicht „wissenschaftlich" zu verstehen ist, keine Klärung der zugrundeliegenden Sachfragen herbeigeführt werden kann. Die Geschichte ist allerdings interessant und bietet vor allem genug konkrete Ansatzpunkte, dass ich für die Zukunft eine tiefergehende Beschäftigung bzw. regelrechte Untersuchung nicht ausschließen will.

An dieser Stelle soll es aber stattdessen mit einer kleinen Gedankenübung weitergehen: Nehmen wir einfach mal an, die Erlebnisse des Ignaz' sind mehr oder weniger geschehen wie berichtet und es steckt „mehr" dahinter als Halluzinationen (was sicherlich die einfachste Erklärung wäre).

Warum betreibt der Engel, der ja offenbar über recht wundersame Fähigkeiten verfügt, den enormen Aufwand, einen Bauern zum König zu lotsen, statt diesem einfach selbst zu erscheinen? Mit seinen „magischen" Kräften hätte er doch dem König vermutlich sogar einfach eine schriftliche Nachricht zukommen lassen können. Hier drängt sich für mich die Überlegung auf, ob in einem solchen Szenario, weiterhin angenommen, alles geschah wie berichtet, die reine Übermittlung der Information das eigentliche Interesse des „Engels" war.

Die Geschichte ähnelt vielen anderen Berichten von „Paranormalem", in denen die „mitspielenden" Entitäten sich zum Teil auch nicht nachvollziehbar oder extrem skurril verhalten, man denke zum Beispiel an die inzwischen berühmten „Men in Black".[58] Auch die Tatsache, dass der Engel zum Teil widersprüchliche Aussagen liefert, z.B. zuerst behauptet, sein Name würde unbekannt bleiben, nur um ihn später dann doch preiszugeben, passt gut ins Bild von ähnlichen Vorfällen aus an-

---

58   Bei „Men in Black" (MIB) handelt es sich um meist recht seltsam oder exzentrisch auftretende Personen, die angeblich Zeugen von UFO-Erscheinungen „besuchen" und sie zu Stillschweigen drängen. Je nach Interpretation werden sie meist für Regierungsagenten oder „übernatürliche" Besucher gehalten.

deren Zeiten und Orten. Moderne „Contactees“, also Menschen, die davon ausgehen, mit nichtmenschlichen Intelligenzen in (oft telepathischem) Kontakt zu stehen, berichten ebenfalls oft davon, hingehalten oder gar in die Irre geführt zu werden. Ankündigungen werden gemacht, gebrochen, dann verändert und so weiter. Ignaz hatte allerdings offenbar das Glück, dass die Ankündigungen zumindest im Groben, wenn auch nicht im Detail, eingetroffen sind: Gegen alle Wahrscheinlichkeit hat er es mit seiner Geschichte bis zum König geschafft.

Dennoch, die Frage bleibt: Warum gestalten sich entsprechende Erlebnisse bzw. Kontakte oft so widersprüchlich und umständlich? Wird damit etwas bezweckt? Funktioniert der Kontakt womöglich aufgrund irgendwelcher uns unbekannten Regeln nicht anders? Oder liegt die Ursache hierfür doch darin begründet, dass die Erlebnisse „nur“ der Psyche des Betroffenen entstammen und insofern ebenso „irregulär“ und wechselhaft sind, wie wir Menschen und unser Gefühlsleben?

10 Begegnung mit einem seltsamen Riesen (1597)

Einige Wochen nachdem ich über die vorangegangene Geschichte gestolpert bin, spülte mir der Zufall eine Nachricht mit einigen Ähnlichkeiten, allerdings in sehr viel kleinerem Maßstab, auf den Bildschirm.

In der Stralsunder Zeitung *Sundine*[59] findet sich ein kleiner Artikel, der sich aus einer viel älteren Schrift von 1685[60] speist und von angeblichen Geschehnissen im Jahre 1597 berichtet. Demnach soll ein Stralsunder Bürger namens Hans Germer am 20. Juli 1597 mit Büchern zu einem nahegelegenen Dorf gesandt worden sein. Unterwegs kam ihm ein fremder, grauhaariger Mann entgegen. Dieser war nicht nur „wol zweien Manns lang" sondern trug außerdem weder Kleider noch Schuhe, lediglich einen Kittel, der weiß wie Schnee war und „klar [hell] wie die Sonne" leuchtete. Der seltsame Riese hatte außerdem eine „braune" Haut.

Insgesamt dürfte es sich also durchaus um eine ungewöhnliche Erscheinung gehandelt haben, vor allem der Größe und strahlenden Kleider wegen. Die einzige Komponente seines Äußeren, die dem Stralsunder Bür-

---

59   Sundine, 12. Dezember 1834.
60   Wahrhafftige erschröckliche Neue Zeitung und Geschichte, so sich [...] in der Stadt Stralsund zugetragen, Stralsund 1685.

ger vielleicht nicht sehr besonders vorgekommen sein mag, könnte die unzureichende Ausstattung im Bereich Schuhwerk und Kleidung sein. Es bestand Ende des 16. Jahrhunderts eine hohe Wahrscheinlichkeit, dass er in seinem Leben bereits Bettler mit ähnlich mangelhafter Bekleidung zu Gesicht bekommen hatte.

Hans Germer erschrak sich entsprechend, riss sich aber wohl zusammen und grüßte den seltsamen Riesen, allerdings ohne eine Antwort zu erhalten. Dies veranlasste ihn, sich zum Zwecke des Selbstschutzes zu bekreuzigen; schon hier hatte die Geschichte für ihn also vermutlich eine übernatürliche Komponente. Sein Gegenüber reagierte nun aber seinerseits auf diese Geste. Mit donnernder Stimme sprach er: „Fürchte dich nicht; da Du mich vor segnest, der bin ich nicht!"[61]

Germer ließ vor Schreck alles fallen, fing sich aber wieder, vertraute auf Gott und ging weiter. Der Riese folgte ihm, nur um ihn kurz danach wieder anzusprechen: „Stehe still! Ich will Dir etwas befehlen, das Du Deinen Herren zu Stralsund sagen sollst." Hier nun werden die Ähnlichkeiten zur letzten Geschichte deutlich. Wie auch angeblich in Frankreich 1816 befiehlt ein sonderbarer und ganz klar „unnatürlicher" Fremder einem relativ einfachen Mitglied der jeweiligen Gesell-

---

61 Sundine, 12. Dezember 1834.

schaft, ihrer Herrschaft etwas auszurichten. Zwar ist Stralsund selbstverständlich nicht mit dem Königreich Frankreich zu vergleichen, aber die „Dramaturgie" des Geschehens ist doch die Gleiche.

Der seltsame Riese war aber wohl nicht allwissend, denn im nächsten Atemzug fragte er Germer, wohin er unterwegs sei. Germer nannte ihm sein Ziel, das Dorf Altenhagen, wo er dem Junker Sifert von Dattenberg die erwähnten Bücher übergeben sollte. Nach der braven Antwort fragte der Fremde, wo Germer wohne. Auch dies wurde ohne Widerworte verraten, woraufhin der Fremde behauptete, er wisse, was Germer vor habe und wo er wohne. Wieder einmal verhält sich hier also eine Erscheinung skurril: Wer würde jemandem zwei Fragen stellen, die Antworten abwarten und danach so tun, als seien diese von vornherein bekannt gewesen?

Wie auch immer dieses Verhalten begründet sein mag, so das Berichtete überhaupt auch außerhalb des Kopfes von Hans Germer geschehen ist, der Fremde kam nun zur Sache. Germer solle sein Vorhaben wie geplant umsetzen, nachdem er wieder in Stralsund sei, allerdings dem Rat der Stadt etwas ausrichten. Ahnen die Leser*innen bereits, welche wichtige Information den Rat erwartete? Ganz Recht, es waren Ermahnungen bezüglich der Frömmigkeit der Herren Räte und insbesondere ein Tadel ihrer Handelsgeschäfte als unchristlich. Alle Gottlosigkeiten seien also zu unterlassen. Falls nicht, würde Stralsund am 10. August in Flammen stehen.[62]

Germer erschrak ob dieser Drohung erneut und der Fremde trat dicht an seine rechte Seite heran. Dabei war er angeblich so groß, dass der Saum seines Kittels Germer im Gesicht herumwehte, sein Gesicht war dabei so leuchtend, dass Germer es nicht ansehen konnte. Der Fremde fragte nun nach, ob Germer sich den Auftrag auch gemerkt habe. Germer wusste nicht mehr alles genau und der Fremde wiederholte seinen Auftrag. Danach brachte Germer einen sehr naheliegenden Einwand vor: Man würde ihm nicht glauben. Der Fremde blieb hart. Als Germer nochmals widersprach, war die Zeit offenbar reif für härtere Bandagen. Der Fremde drohte ihm, dass er das Reich Gottes nicht erlangen würde (ergo in der Hölle landen), wenn er den Auftrag nicht ausführte. Dabei betonte der glänzende Riese, dass Gott selbst ihn geschickt hätte (vielleicht zur Untermauerung seines Anliegens). Danach verschwand er.

---

62 Über einen Brand Stralsunds für dieses Jahr ist mir nichts bekannt, wohl soll es 1597 aber zu einem „Blutregen" gekommen sein. Vgl. Bericht über die zur Bekanntmachung geeigneten Verhandlungen der Königlich Preussischen Akademie 1850, 224.

Hans Germer war nun so, als hätte die Sonne ihren Schein verloren. Er ging weiter, nur um plötzlich einen so starken Regen zu erleben, dass er sich kaum noch orientieren konnte. Kurze Zeit später erschien die Sonne und Germer kam wieder zu sich. Er war nicht mehr auf dem richtigen Weg, den er sich von einem Schmied in Schlemmin zeigen lassen musste. Daraufhin ging er seinen Bücherauftrag erfüllen und erzählte zurück in Stralsund, wie gefordert, die ganze Geschichte.

Auch bei dieser Geschichte taucht natürlich die Frage auf: Warum geht der Fremde, der auch hier augenscheinlich über „magische" Kräfte verfügte, nicht einfach selbst zum Rat? Würde die Botschaft nicht deutlich mehr Eindruck machen, wenn sie von einem zwei Mann großen, strahlenden Fremden käme?

Diejenigen unter uns, die sich für die Frage interessieren, welche Realität in all solchen Geschichten steckt, bringt das Auftauchen solcher Ähnlichkeiten ggf. in ein Dilemma: Einerseits könnte die Überlieferung so ähnlicher Geschichten darauf deuten, dass hier ein reales Geschehen zugrunde liegt, das eben so berichtet wurde wie es ablief. Jeder weitere Fall wäre dann gewissermaßen eine Bekräftigung der Realität der seltsamen Episoden. Andererseits könnte das Auftauchen so augenscheinlicher Parallelen auch als Indiz dafür gewertet werden, dass wir es hier mit einem in unterschiedlichen Abwandlungen auftauchenden narrativen Motiv zu tun haben. Eine solche Interpretation würde dann gerade *nicht* die Realität sondern eben die Fiktionalität der Berichte untermauern.

Als „Zwischenlösung" beider Möglichkeiten könnte eine Interpretation gewählt werden, in der das Erleben der Zeugen durchaus realistisch geschildert ist, das Erlebte selbst aber keine objektive Realität hat, sondern sich ausschließlich im Bewusstsein der Zeugen abspielt. Gäbe es nicht ähnlich skurrile Berichte, die von mehr als einer Person bezeugt werden, wäre das vermutlich die eleganteste Lösung.

11 Schmugglerdrama (1907)

In der Ausgabe des *Jeverschen Wochenblatts* vom 6. Juli 1907 findet sich eine höchst brutale und fast ebenso seltsame Geschichte, die sich vor der libyschen Küste abgespielt haben soll. Etwa einen Monat vor dem Erscheinen der Meldung in der Zeitung verließ demnach der in Tripolis beheimatete Segelkutter „Lulu" („Die Perle") den Hafen von Piräus mit einer großen Menge Schießpulver und Waffen an Bord. Bei der Ladung handelte es sich um Schmuggelgut, das irgendwo an der Küste in der Umgebung Tripolis' angelandet werden sollte. Der Kapitän des Schiffes, ein Mann namens Miftah el-Matari, sichtete, bevor der Bestimmungsort erreicht war, ein türkisches Patrouillenschiff und ging davon aus, dass dieses sein Schiff ebenso entdeckt hatte. Er wich deshalb von der eigentlich geplanten Route ab und setzte Kurs auf das weiter westlich gelegene Ras Ajdir. Dabei begegnete sein Schiff einer Fischerbarke, deren Insassen er fragte, ob sie ihm nicht zehn bis 15 Barken „Trinkwasser gegen eine ausnahmsweise hohe Bezahlung an Bord bringen" wollten. Diese Code-Phrase, um Schmuggelware anzubieten, bzw. um Barken für deren Landung zu bitten, war den Fischern wohl bekannt und sie sagten zu, eben jene Barken heranschaffen zu wollen.

Tatsächlich fuhren die Fischer allerdings zur französisch-tunesischen Zollstation und erstatteten dem dortigen Kommandanten Schouscha Bericht über die Anwesenheit des Schmuggelschiffes. Schouscha rekrutierte flugs über 30 Fischerboote und 100 Männer und stellte dem Schmuggler des Nächtens nach. Gegen Morgen des 6. Juni gelang es dem Kommandanten, den Schmuggler zu umzingeln. Doch statt sich zu ergeben, verwies Kapitän Miftah auf die Tatsache, dass er Unmengen Pulver an Bord hatte und bei jedem Anschein eines Angriffs damit nicht nur sein eigenes sondern auch die Boote der Angreifer in die Luft sprengen würde. Er bot dem Kommandanten stattdessen an, unbewaffnet und alleine zu einer Unterredung an Bord zu kommen. Der Kommandant hielt das für keine gute Idee und die Drohung mit dem Schießpulver für einen Bluff. So befahl er, dass das Schmugglerschiff geentert werden sollte.

Kapitän Miftah stand derweil mit der schon brennenden Lunte neben der offenen Luke des Schiffraums und machte einen ruhigen und entschlossenen Eindruck. Sobald die ersten Männer des Kommandanten die Reling des Schmuggelschiffes übersteigen wollten, schleuderte er die Lunte ins Innere des Schiffes und rief „Ihr habt es so gewollt!".

Die Explosion war erheblich und zerstörte sowohl das Schmugglerschiff als auch die vom Kommandanten rekrutierten Boote. Dementsprechend flogen die Überreste der Männer umher. Niemand vom Schmugglerschiff überlebte die verheerende Detonation und von den Männern des Kommandanten fanden 73 den Tod, während 20 sehr schwer verletzt wurden.

Einige der wenigen Überlebenden des Dramas sagten im Nachhinein aus, dass sie auf dem Schiff des Schmugglers neben der regulären Mannschaft eine „fremdartige und mysteriöse" Person gesehen hätten. Es soll sich dabei um einen hageren Mann gehandelt haben, der während der gesamten Konfrontation regungslos und schweigend auf der Brücke gestanden habe, den Blick fest auf den Kapitän gerichtet. Dieser habe die Lunte erst auf Wink des ihn scheinbar hypnotisierenden Mannes geworfen.

Selbstverständlich kann es sich bei dieser Geschichte leicht um Seemansgarn oder eine schlichte Fehlinterpretation tatsächlicher Ereignisse handeln. Nach allem was wir heute über Hypnose wissen, dürfte sie nur in sehr bis extrem seltenen Fällen ein geeignetes Mittel sein, um jemanden zu derart radikalen Taten wie den (erweiterten) Suizid des Kapitäns zu bewegen. In diesem Fall müsste es sich nicht nur um einen absolut meisterhaften Hypnotiseur gehandelt haben, der außerdem in dem Kapitän einen außergewöhnlich suggestiblen Menschen gefunden hat, sondern er müsste zusätzlich, aus welchen Gründen auch immer, auch noch bereit gewesen sein, den eigenen Tod in Kauf zu nehmen.

Gerne hätte man mehr über den seltsamen Fremden erfahren, vor allem aus welchem Grund er den Überlebenden überhaupt seltsam oder auffällig erschien. Ich gehe davon aus, dass eine Äußerlichkeit in Erscheinung und/oder Verhalten dieses Urteil bedingt haben muss, da die Männer des Kommandanten wohl nur Sichtkontakt mit dem Mann gehabt haben dürften. Stellt man sich kurz vor, dass der Bericht der Überlebenden womöglich doch akkurat ist, wird die ganze Geschichte natürlich ganz schnell fantastisch.

Uns sind schon an anderer Stelle Berichte begegnet, die von seltsamen oder fremdartigen Personen sprachen, die aus unerfindlichen Gründen und oft in merkwürdiger oder umständlicher Weise Einfluss auf menschliche Schicksale nahmen. Würde man alle diese Berichte ernst nehmen, könnte spekuliert werden, ob die involvierten skurrilen Personen, die ebenso ungewöhnliche Fähigkeiten zu zeigen scheinen, womöglich der gleichen „Klasse"

von Wesen angehören und womöglich den gleichen Ur-
sprung aufweisen.

12 Gefährliche Teufelsbeschwörungen (1850/65)

Der (angebliche) Kontakt mit nichtmenschlichen
geistigen Wesenheiten hat den Menschen womöglich zu
allen Zeiten beschäftigt. Zumindest in der Historie[63]
finden sich dermaßen viele Hinweise auf derartige
Vorstellungen und Praktiken des Kontakts, dass dieser
Schluss nahe liegt. Dies gilt bis heute und galt auch im
eigentlich noch stark von Aufklärung und
Rationalismus geprägten 19. Jahrhundert. 1866 wurde
im *Neuen Bayrischen Volksblatt*[64] ein Artikel gedruckt,
der von einer oberpfälzischen Familie berichtet, die
einen eben solchen Kontakt in die „Geisterwelt" gesucht
hat und offenbar einen hohen Preis dafür zahlen
musste.

Laut diesem Artikel betrieb die Familie zum Zeitpunkt des Geschehens schon etliche Jahre sog. Schatzgräberei. Dabei handelt es sich um den Versuch, einen
Geist oder Dämon zu beschwören, um diesen wiederum
zu zwingen, einem versteckte bzw. vergrabene Schätze
zu zeigen, sodass diese geborgen werden können. Diese
Idee begegnet uns auch in den vorangegangenen Jahrhunderten. Dabei erscheint sie oftmals als Betrugsma-

---

63   Also dem Teil der menschlichen Geschichte, über den wir
     schriftliche Aufzeichnungen haben.
64   Neues Bayrisches Volksblatt, 19. Januar 1866.

sche herumziehender „Schein-Magier", die leichtgläubige Landbewohner von ihren Fähigkeiten überzeugten, um sich dann von diesen für die Schatzgräberei bezahlen zu lassen, nur um schlussendlich mit dem so erlangten Geld zu verschwinden – in der Regel wohl ohne, dass irgendeiner der Beteiligten je irgendeinen Schatz zu Gesicht bekommen hätte.

An Heiligabend 1865 soll nun diese Familie im eigenen Stall versucht haben, den Teufel zu beschwören. Dabei sei es, laut der Aussage eines der Kinder der Familie, im Stall pechschwarz geworden. Seitdem war die Familie in Raserei verfallen, bis auf ein Kind und die schwangere Mutter sollen alle tagelang fast ohne Unterbrechung getanzt und gesprungen haben. Die schwangere Mutter litt lediglich an seltsamer Gestikulation. Ein laut Artikel bekannter Arzt aus Wunsiedel names Duppert diagnostizierte daraufhin Veitstanz. Diese heute Chorea Huntington genannte und unheilbare Erbkrankheit ruft Hirnschäden hervor und führt neben Spastiken über Demenz schließlich zum Tod.

Diese Krankheit erscheint als Erklärung des Geschehens etwas unwahrscheinlich. Davon abgesehen, dass einige Details der Symptomatik nicht ganz passen, verwundert es doch, dass die Krankheit plötzlich bei allen Familienmitgliedern zugleich ausgebrochen bzw. sichtbar geworden sein soll, dies bemerkt auch unser Zeitungsartikel. Der Text gibt leider keine weiteren Details des Geschehens, bemerkt aber, dass der Vater inzwischen gestorben sei.

Einen ähnlichen Fall habe ich aus dem Jahr 1850 gefunden.[65] Auch hier sollte der Teufel beschworen werden und sogar die Jahreszeit ist ähnlich. „Nach Weihnachten" soll ein Saalfelder Bauer seinen zwei ihm wohl zu geldgierigen Töchtern einen Streich haben spielen wollen. Die Stube wurde abgeschlossen und abgedunkelt, Kerzen entzündet und ein magischer Kreis gezogen. Doch der Teufel erschien nicht. Der Vater versicherte daraufhin seinen Töchtern, dass er noch eine sichere Möglichkeit kenne und ging nach draußen. Draußen verkleidete er sich als Teufel und kam zurück in die Stube, um seinen Streich zu vollenden und die Töchter zu erschrecken. Die Verkleidung war wohl leider zu gut: Die Töchter sollen eine derartige Angst bekommen haben, dass sie „wahnsinnig" geworden sind.

Sie griffen den Vater an, schlugen und kratzten und der Vater wurde nun laut Zeitung ebenfalls verrückt. Jedenfalls fand wohl ein Nachbar die ganze Familie rasend vor und alarmierte die Obrigkeit. Vater und Töchter wurden ins „Irrenhause" zu Salzburg gebracht. Der Bau-

---

65   Kemptner Zeitung, 27. Januar 1851.

er war wieder zu sich gekommen und saß zum Zeitpunkt des Artikels in Arrest. Die Töchter scheinen, zumindest bis zum Zeitpunkt des Abfassens unseres Artikels, weiterhin „wahnsinnig" geblieben zu sein.

Beide Geschichten haben einige gemeinsame Komponenten: Der/ein Teufel sollte beschworen werden. Inwiefern die Geschichte mit der Teufelsbeschwörung als reinem Scherz zu glauben ist, muss natürlich offen bleiben. Es ist denkbar, dass es sich dabei um eine Schutzbehauptung des Vaters handelte. Es kann aber natürlich auch der Wahrheit entsprechen. Weiterhin fand das Geschehen in beiden Fällen in einer Gruppe und zwar einer Familie statt. Ebenso haben die Fälle das plötzliche Auftreten anormalen Verhaltens bei den Beteiligten gemeinsam. Leider wissen wir größtenteils nicht, wie sich der Zustand der Beteiligten langfristig entwickelt hat, bzw. ob die Betroffenen wieder „gesund" wurden. Nur das Schicksal der Väter ist besser bekannt: Im ersten Fall ist der Mann gestorben, im zweiten Fall scheint er nach einiger Zeit aus seiner Raserei in einen „normalen" Geisteszustand zurückgekehrt zu sein.

Was ist von derlei Geschichten zu halten? Angenommen, die Geschichten sind ungefähr wie geschildert abgelaufen, würde aus moderner Sicht vermutlich ein Konzept wie spontane Massenhysterie zur Erklärung herangezogen werden, auch wenn in unseren Fällen vielleicht eher von Gruppenhysterie gesprochen werden kann. Die Gruppendynamik war aber jeweils vielleicht so groß, dass man sich gegenseitig in das Geschehen „hineingeschaukelt" hat.

Leider ist das Phänomen Massenhysterie wenig erforscht. Es ist meines Wissens nach nicht bekannt, wie genau die Zusammenhänge sind oder wie eine solche Hysterie eigentlich entsteht bzw. funktioniert. Insofern taugt dieser Ansatz zunächst eher als Label, nicht als echte Erklärung. Wie so oft muss man sich also mit der Tatsache anfreunden, dass auch am Ende dieser Geschichten noch ein Fragezeichen steht.

13 Merkwürdige Himmelserscheinungen

Die Zeitungen und Journale des 18. und 19. Jahrhunderts sind recht reich an Meldungen über seltsame Himmelserscheinungen. Und auch in früheren Zeiten waren die Menschen sehr interessiert an derlei Phänomenen, die in der Regel als negatives Omen oder Vorzeichen für irgendeine Form von Katastrophe gedeutet wurden. Die Häufigkeit der Meldungen hängt aber sicherlich auch mit der guten Sichtbarkeit von Anomalien am Himmel zusammen – sie sind oft sehr auffällig und über weite Distanzen sichtbar, so dass entsprechende Meldungen die Zeitungen häufiger erreicht haben dürften als die Sichtungen vieler anderer Seltsamkeiten, die weniger prominent erscheinen.

Die entsprechenden Zeitungsmeldungen verorten solche Sichtungen in der Regel schon als natürliche Phänomene, auch wenn die „einfache" Bevölkerung der Zeit sie weiterhin als Vorzeichen zu deuten neigte. Die Meldungen sind dabei oft so kurz wie die Sichtungen selbst, zumeist bestehen sie nur aus wenigen Zeilen. Dennoch lassen mancher dieser Meldungen die Frage aufkommen, was wohl beobachtet worden ist, da die gesichteten Phänomene sich hier und da „seltsam" zu verhalten schienen.

Ein eher unspektakuläres Beispiel hierfür findet sich in den *Nachrichten für Stadt und Amt Elsfleth*[66]: Demnach haben am 7. Juni 1889 im Raum Vechta abends um ca. 8:30 viele Personen am noch sternenlosen Himmel im Nordwesten eine gelbliche, intensiv strahlende „Feuerkugel" aufsteigen sehen. Die Kugel stieg sehr hoch und sank dann in einer Kurvenbahn nach Norden hin und einen Schweif ausbildend wieder ab, bevor sie nicht mehr sichtbar war. War das Aufsteigen der Kugel nur eine optische Täuschung? Handelte es sich um einen Kugelblitz, dessen Existenz von der Wissenschaft inzwischen mehr oder weniger anerkannt wird, aber noch nicht erklärt werden kann?

Meldungen dieser Art dürfte ein/e fleißige/r Forscher*in über das 18., 19. und 20. Jahrhundert verteilt leicht zu dutzenden, wenn nicht gar hunderten finden. Aber es geht auch spektakulärer und seltener: Das *Jeversche Wochenblatt*[67] vermeldete 1892, dass am Frischen Haff ein „Kugelblitz" bei leicht bedecktem Himmel von Fischern beobachtet worden sei. Sie sahen vom Strand aus zunächst „eine schwärzlich-graue Wolke, die sich verdunkelte und schnell dem Strande näherte."[68] Die Wolke nahm bald eine rötliche Färbung an, die leicht strahl-

---

66 Nachrichten für Stadt und Amt Elsfleth, 7. Juni 1889.
67 Jeversches Wochenblatt, 10. Juli 1892.
68 Ebd.

te. Ungefähr eine halbe Meile vom Strand entfernt leuchtete die Wolke vom Innern her rot auf und eine große und hell leuchtende Feuerkugel ging aus ihr unter deutlich hörbarem Knistern ins Haff nieder. Die Wolke selbst zerteile sich derweilen und zog davon. Etwa einen Kilometer entfernt fuhren drei Fischerboote, deren Besatzungen berichteten, dass sie durch ein grelles Licht geblendet wurden und sich gleichzeitig ein stark schwefeliger Geruch ausbreitete. Von einem solchen Geruch wird sowohl im Kontext von Kugelblitzen als auch angeblicher paranormaler Phänomene immer wieder berichtet.

Der kurze Zeitungsartikel erwähnt zuletzt noch, dass ähnliches am Haff bereits im August 1884 gesichtet worden sei. Merkwürdig sei außerdem, dass die Wolke im aktuellen Fall sich fast entgegen des Windes bewegt haben soll. Einem meteorologischen Laien wie mir erscheint ein solcher Bericht in jedem Falle bemerkenswert. Was genau haben die Fischer damals wohl beobachtet und wie kann sich eine Wolke gegen den Wind bewegen? Flog sie womöglich höher als gedacht und konnte sich so mit einem Höhenwind, dessen Richtung nicht mit den Windverhältnissen in Erdnähe übereinstimmte, bewegen?

Zu den ganz „klassischen" Himmelserscheinungen gehören neben Lichtkugeln auch „Trugbilder", oft von

Heerscharen. 1870 sollen Einwohner der damaligen preussischen Provinz Posen[69] Zeugen einer solchen Himmelsschlacht geworden sein.[70] Am 2. Februar des Jahres sahen die Menschen dort über fast zwei Stunden am sonst klaren Himmel eine Schlacht inklusive Infanterie und Kavallerie. Während die Gesichter der Soldaten nebelhaft verschwommen waren, sollen sogar Uniformen und Waffen zu unterscheiden gewesen sein. Wenn sich all diese Erscheinungen auch ohne Farbe präsentierten, muss man über den Detailgrad des Sichtbaren doch staunen. Sogar das Schwingen von Schwertern sowie unter den Hufen der Pferde fortspritzender Schnee waren angeblich erkennbar.

Zwei Mutige Zuschauer machten sich die Mühe, dem als nicht fern wahrgenommenen Geschehen entgegen zu eilen, konnten vor Ort aber nichts mehr erkennen. Zurückgekehrt war das Spektakel wieder sichtbar. Der Pfarrer des Ortes verbürgte sich für den Bericht.

Haben die Menschen hier die Luftspiegelung einer irgendwo tatsächlich stattfindenden Schlacht gesehen? Oder reicht es hier zur Erklärung, die Fähigkeit und Neigung des Menschen, bekannte Formen und Muster zu

---

69 Die Hauptstadt der Provinz war Posen, heute Poznań.
70 Vgl. Freisinger Tagblatt. Freisinger Nachrichten; Amtsblatt der Stadt Freising und aller Behörden des Kreises Freising, 28. Februar 1871.

erkennen, um die Wahrnehmung heranzuziehen? Hat es sich womöglich nur um eine sehr außergewöhnliche und sich schnell verändernde Wolken- oder Nebelformation gehandelt, in der die staunenden Zuschauer*innen dann fälschlicherweise Männer, Reiter, Pferde zu erkennen meinten?

Ähnliche „Schlachten am Himmel" wurden auch zu früheren Zeiten beobachtet und manche davon haben in „UFO-Kreisen" eine gewisse Bekanntheit erlangt, wie der inzwischen sehr bekannte Fall von Nürnberg von 1561. Derlei Berichte sind sicherlich nicht gerade häufig, andererseits aber auch nicht so selten, wie man vielleicht zunächst meinen würde. Der erwähnte Nürnberger Fall ist so bekannt, dass er hier nicht ein weiteres Mal en détail beschrieben werden muss.[71] Stattdessen schauen wir uns ein weniger bekanntes Beispiel an.

Wohl nicht ganz so spektakulär wie Nürnberg aber doch sehr erstaunlich liest sich ein Bericht aus dem Jahr

---

71 Am 14. April 1561 soll sich über Nürnberg ein seltsames Himmelsphänomen abgespielt haben. Verschiedene „Formen" oder Objekte hätten am Himmel einen Kampf ausgefochten. Eines dieser Objekte soll dabei auch abgestürzt sein. Berühmt ist dieser Fall unter anderem, da noch im gleichen Jahr ein Flugblatt erschien, das die Geschehnisse beschrieb und auch Abbildungen der Objekte enthielt. Das Flugblatt hat die Zeit überdauert und kann mit einer Internetsuche leicht gefunden werden.

1681.[72] In Niederungarn, genauer zwischen Tyrnau[73] und Preßburg[74] soll eine „feurige Kugel" gesehen worden sein, aus der zwei Männer mit Schwertern stiegen. Diesen beiden Männern folgte jeweils ein Heer und es entwickelte sich eine Schlacht. Dann sei Feuer auf die Erde niedergegangen und danach habe „es sich wie eine Vestung [Festung] sehen lassen". Diese sei wiederum durch ein Feuer vergangen und schließlich von einer Wolke bedeckt worden.

Am 16. August 1686 soll bei Helsingør[75] ein „Wunderstern gesehen worden, wie ein Stern von sonderlicher [besonderer] Größe und Klarheit, der zu beiden Seiten lange Strahlen geschossen, an denen ein runder Schild gehangen, in dessen Mitte sich ein runder Spiegel präsentiret, der überaus hellglänzend gewesen"[76] sei.

Berichte wie diese lassen die Herzen von UFO-Fans vermutlich höher schlagen, dabei sollte aber nicht vergessen werden, dass in den entsprechenden Berichten häufig im gleichen Atemzug gerne auch Dinge beschrieben werden, die wiederum kaum bis gar nicht mit den

---

72 Mercurii Relation, oder wochentliche Reichs Ordinari Zeitungen, von underschidlichen Orthen, 9. Februar 1681.
73 Dies liegt in der Steiermark.
74 Dabei handelt es sich um das heutige Bratislava.
75 Dies liegt in Dänemark.
76 Morgenblatt für gebildete Stände, 20. Juni 1831.

(gängigen) heutigen UFO-Narrativen in Einklang zu bringen sind: Im September 1681 etwa soll über Stockholm eine fliegende Feuerkugel zu sehen gewesen sein, die sich geöffnet und in ihrem Inneren die Worte „das Ende ist da!"[77] präsentiert habe.[78] Haben die vermeintlichen „UFOnauten" etwa ein Interesse daran, religiöse Botschaften zu verbreiten, oder hat hier der religiöse Geist der Zeitgenossen aus einem „einfachen" Meteoriten in der Rückschau fälschlicherweise eine –wörtliche– göttliche Nachricht gemacht?

Neben den Lichtkugeln und Himmelsheeren finden sich vereinzelt auch noch Himmelserscheinungen, die sich wirklich ganz seltsam und handfest „verhalten" haben sollen. Ein Beispiel hierfür findet sich in der *Zeitung für die elegante Welt*.[79] Die Sache soll sich am 19. September 1810 zwischen 17 und 18 Uhr in Waly an der Maas[80] abgespielt haben. Damals soll im Süden ein „glänzender Meteor" sichtbar geworden sein. Dies ging laut Zeugen so von statten, dass sich der Meteor über einen Zeitraum von ca. 45 Minuten aus mehreren Wir-

---

77 Ich vermute, die Worte erschienen auf Schwedisch. Obwohl zumindest die schwed. Oberschicht der Zeit in der Regel auch Deutsch, bzw. Niederdeutsch verstanden hätte.
78 Morgenblatt für gebildete Stände, 20. Juni 1831.
79 Vgl. Zeitung für die elegante Welt. Mode, Unterhaltung, Kunst, Theater, 22. Oktober 1810.
80 Dies liegt in Frankreich.

beln, die sich auf der Stelle drehten, gebildet hat. Nach dieser etwas seltsamen Genese bewegte sich das Ding, nunmehr eben eine Feuerkugel, unter lautem Getöse nach Norden. Diese Geräuschkulisse klang zeitweise wie das Rollen eines schnell fahrenden Wagens, zeitweise wie das Prasseln eines starken Platzregens. Das Objekt bewegte sich entweder in niedriger Höhe oder wurde von den Zeugen fälschlicherweise so wahrgenommen – jedenfalls hatten sie Sorge, dass die Feuerkugel ihre Dächer entzünden könnte. Dem fliegenden Feuer folgte außerdem ein sehr dicker Nebel. Als ob all das noch nicht seltsam genug wäre, „riss" die Feuerkugel Dinge vom Boden mit sich fort. Leider wird nicht erwähnt, um was für Dinge es sich gehandelt hatte. Als sie so über einen Bach kam, „entzog" sie diesem auf eben jene Weise sämtliches Wasser, welches später als Regen vom Himmel gefallen sein soll. Man könnte an eine Windhose denken, wenn nicht der Rest der Beschreibung so gar nicht auf dieses Phänomen deuten würde.

Die Feuerkugel zog über dem Dorf „umher" und riss dabei auch den Giebel eines Daches herab.[81] Dabei wurde sie von einem Gewitter begleitet. Zuletzt machte sich sich in gerader Linie davon, nur um sich schließlich in

---

81 Eine ähnliche Feuerkugel wurde auch 1805 in Jena gesichtet. Siehe Ufoscriptorium, Suchbegriff „Sichtung in Jena".

eine vom Boden bis in den Himmel reichende „Feuersäule" zu verwandeln, die ca. 15 Minuten zu sehen blieb, bevor sie sich auflöste. Sie ließ einen dicken und geruchsneutralen Nebel zurück. Wie immer kann hier nur oberflächlich spekuliert werden. In der Menge entspricht das Geschehen keinem (mir bekannten) Wetterphänomen und muss insofern als höchst seltsam erscheinen.

Hat sich hier etwa der Zufall ergeben, dass sich sowohl eine Windhose als auch ein Kugelblitz simultan im gleichen Gebiet gebildet haben und beide Phänomene zusammen auf die Dorfbewohner den entsprechenden Eindruck gemacht haben? Aber müssten beide Phänomene dann nicht gewissermaßen „synchron" die gleichen oder zumindest sehr ähnliche Bewegungen gemacht und Richtungen eingeschlagen haben? Nehmen wir dennoch einmal an, dem sei so: Wie erklärt sich dann das seltsame Zustandekommen des Feuerballs aus mehreren Wirbeln und außerdem die Feuersäule beim „Abgang"?

14 Seltsame Dinge, die vom Himmel fallen

Manche der Merkwürdigkeiten, die hin und wieder am Himmel beobachtet werden können, belassen es nicht bei einem einfachen Vorbeiflug, sondern fallen tatsächlich zu uns Menschen auf die Erde hinab und können anschließend bestaunt werden. Blättert man durch Zeitschriften und Journale vergangener Zeiten, bekommt man dann auch den zu erwartenden Eindruck, dass die Zeitgenossen sehr fasziniert von diesen Vorkommnissen waren, denn sie wurden immer wieder thematisiert.

So fiel etwa am 17. Juni 1794 laut eines Berichts im *Neuen Hannoverschen Magazin*[82] den Menschen in der Nähe von Siena[83] gegen 19 Uhr eine längliche, dunkle und ganz isoliert auftretende Wolke auf, die allein durch ihr ungewöhnliches Aussehen Furcht erzeugte. Plötzlich waren Blitze und Explosionen zu vernehmen und aus der Wolke brachen Rauch und glühende, schlackenähnliche Steine hervor, von denen einige mehrere Pfund wogen. Einer dieser Steine durchschlug die Hutkrempe eines Jungen, ein anderer fiel in einen Teich und brachte dessen Wasser zum Kochen. Die Steine waren äußerlich

---

82 Neues Hannoverisches Magazin, 9. Janaur 1804.
83 Dies liegt in Italien.

schwarz, innen aschgrau und mit sichtbaren Metallein-
schlüssen versehen.

Derlei Berichte gibt es wie eingangs erwähnt nicht wenige und sie bieten zumeist keinen Anlass, sie für irgendetwas Ungewöhnlicheres als Meteoriten zu halten (je
nachdem wie „verdächtig" einem die hin und wieder beschriebenen seltsamen „Wolken" erscheinen).

Die gelehrten Zeitgenossen um die Mitte des 18.
Jahrhunderts diskutierten angesichts solcher Fälle übrigens die Möglichkeit, ob es sich bei ihnen um den Aus-
wurf von Vulkanen auf dem Mond handeln könnte.
Unabhängig von den aus heutiger Sicht nicht korrekten
Erklärungsversuchen fällt auf, dass die Beschreibungen
der „Himmelssteine" von Antike bis Neuzeit sehr ähnlich sind und – so weit ich es beurteilen kann – dem
heute gängigen Wissen über Meteoriten nicht zuwider-
laufen. Die Augenzeugen und Chronisten der Vergangenheit haben hier offenbar gute Arbeit geleistet.

Manchmal fielen neben den „Standarmeteoriten"
aber auch Dinge vom Himmel, die noch exotischer erscheinen.

Ein Beispiel hierfür findet sich in einem Bericht im
Morgenblatt für gebildete Stände[84]. Am 13. August 1819

---

84 Morgenblatt für gebildete Stände, 13. April 1822.

bemerkte man bei Amhurst[85] zwischen 8 und 9 Uhr am Abend eine helle leuchtende Kugel am Himmel. Die Kugel ging nieder und wurde von einem Herrn Rufus Graves, einem ehemaligen Chemie-Professor am Darmouth-Collegium, untersucht. Das kosmische Fundstück hatte demnach die Form einer Schüssel mit einem Durchmesser von etwa 20 Zentimetern und einer Dicke von etwa 2,5 Zentimetern. Wirklich seltsam wird die Beschreibung aber erst hier: Das Objekt hatte die Farbe von Büffelfell und an der Oberfläche war ein leichter Flaum zu spüren! Der Flaum soll einem schönen Wolltuch ähnlich gewesen sein.

Der Artikel beschreibt weiter, dass nach Wegnahme des bisher Beschriebenen (also wohl der „Schüssel", der Text ist hier leider nicht ganz eindeutig) eine matschige, seifenartige Masse mit „erstickendem" Geruch zum Vorschein kam. Nach einigen Minuten an der Luft nahm diese Masse eine schwarzblaue, „dem Venenblut" ähnliche Farbe an. Teile der Masse wurde in ein Glas verfrachtet, wo es sich schnell verflüssigte. Nach drei Tagen war sie fast vollständig verdunstet und zurück blieb lediglich ein aschfarbenes, geschmacks- und geruchsloses Pulver.

Zum Abschluss des Kapitels möchte ich noch eine kuriose und kurze Geschichte vorstellen, in der die „Fall-

---

85   Dies liegt in den USA, im Staat Massachusetts.

richtung" gewissermaßen gänzlich falschherum lag: Demnach soll in der französischen Provinz Limousin 1765 eine „Feuer=Kugel von beträchtlicher Grösse aus der Erde hervor gestiegen"[86] und das Gras des Ackers versengt haben. Gleichzeitig sei ein Wirbelsturm entstanden, der in der Umgebung beträchtlichen Schaden angerichtet habe. Auch hier werden wohl bis auf weiteres Kugelblitze als Erklärung herangezogen werden, obwohl damit nichts wirklich erklärt ist.

86 Real=Zeitung aufs Jahr 1765 [...], 9. November 1765.

15 Seeungeheuer

Von allen „klassischen" Kryptiden taucht in den Zeitungen und Journalen der letzten Jahrhunderte meinem Eindruck nach das Seeungeheuer am häufigsten auf. Dies verwundert allerdings nicht: So reisten die Menschen doch sehr viel auf den Meeren, Seen und Flüssen umher und hier kann naturgemäß vieles gesichtet werden, das sich dann einer näheren Beschau leicht entzieht. So ist geradezu erwartbar, dass eine relativ große Menge von ungeklärten und mysteriösen Sichtungen zu Stande kommt. In diesem Kapitel wollen wir uns einige davon vor Augen führen.

Um die Erwartungen ein wenig zu brechen, wandern wir im Geiste nun nicht nach Schottland und dem berühmten Loch Ness, sondern vor die Küste von Boston. Im August 1817 wurde laut dem „Morgenblatt für gebildete Stände"[87] im Hafen von Gloucester mehrere Male ein Tier mit seltsamer Gestalt gesichtet. Demnach war es schlangenförmig und ließ sich nur bei ruhigem Wetter sehen. Für Aufsehen sorgten vor allem seine Größe und Geschwindigkeit. Es soll sich in klassischer „Seeschlangenmanier" in senkrechten „Wellen" fortbewegt haben, so dass sein Körper die Wasseroberfläche immer an meh-

---

87 Morgenblatt für gebildete Stände, 14. Februar 1818.

reren Stellen in einer Linie durchbrach, jedoch nie in ganzer Länge aus dem Wasser ragte. Diese Beobachtungen veranlassten die Linné'sche Sozietät von Neu-England, eine Kommission einzurichten, die alle Sichtungsmeldungen protokollieren und dem Tier nachspüren sollte.

Ein Herr Lonson-Nash hat das Tier am 14. August 1817 aus etwa 250 Metern Entfernung beobachtet. Ihm erschien der Körper in der Mitte, mit dem Umfang ungefähr eines halben Fasses, am dicksten und nach beiden Enden hin abnehmend. Er gibt auch eine geschätzte Geschwindigkeitsangabe, die sich auf ca. 8 km/h umrechnen lässt (zum Vergleich: der schnellste gemessene Delfin kam auf ca. 55 km/h). Herr Lonson-Nash beobachtete das Tier mit einem Fernglas und schätzte seine Länge auf ca. 80–100 Fuß, was ca. 23–30 Metern entspricht. Den Körper des Tieres beschrieb er als fast schwarz mit etwa sieben bis acht „Abteilungen" des Körpers, die gleichzeitig aus dem Wasser ragten.

Während Herr Lonson-Nash das Tier vom Land aus beobachtete, hatte ein Kaufmann namens Pearson das Glück, es von einer Schaluppe im Hafen aus zu sehen. Bei ihm war außerdem ein Matrose namens James P. Collins. Er beschrieb das Tier wie schon Lonson-Nash und fügte noch die Beobachtung hinzu, dass der obere

Teil des Kopfes flach war. Pearson glaubte, dass das Tier von einem Schuss getroffen worden war. Hier verwundert, dass als Urheber des Schusses ein weiterer Mann genannt wird, ohne aber, dass ersichtlich ist, wo dieser Mann sich aufhielt. Da die Sichtung im Hafen stattfand und das Tier ca. 50 Meter entfernt war, könnte es sich um jemanden am Hafen oder auf einem anderen Boot gehandelt haben. Der Schuss war aber wohl nicht tödlich, obwohl Pearson anmerkt, dass das Wesen danach „schüchterner" gewesen sei.

Das gleiche – oder ein ähnliches – Wesen wurde in der Gegend auch in folgenden Jahren noch beobachtet, was aus einem Beitrag in *Das Heller-Magazin*[88] von 1840 hervorgeht. Im Falle der Sichtungen von 1817 muss festgehalten werden, dass die Zeugen als Mitglieder der genannten Gelehrtengesellschaft durchaus ernst genommen wurden und dies wohl auch zu Recht. Eine Klärung der Identität des gemeldeten Wesens wurde aber meines Wissens nach niemals erreicht.

Neben den Meeren sollen sich aber auch Ungeheuer in Seen tummeln. Aus dem 18. Jahrhundert fiel mir eine Meldung[89] in die Hand, die von der Gefangennahme ei-

---

88 Vgl. Das Heller-Magazin. Eine Zeitschrift zur Verbreitung gemeinnütziger Kenntnisse, besorgt von einer Gesellschaft Gelehrter, 29. Februar 1840.
89 Augsburgische Ordinari Postzeitung von Staats-, gelehrten, historisch- u. ökonomischen Neuigkeiten, 5.

nes Seeungeheuers in einem See in Chile berichtet. Das Wesen soll lebendig nach Madrid verschifft worden sein und sehr seltsam ausgesehen haben. Drei Meter hoch und 90 cm im Durchmesser soll es der Form nach einen Menschenkopf gehabt haben, dessen Kinn allerdings an der Brust festgewachsen war. Darüber hinaus hatte es angeblich eine Löwenmähne sowie Stier-Hörner auf der Stirn, die Ohren eines Esels und auf dem Rücken über 60 Zentimerer lange Fledermausflügel. Es hatte außerdem einen Schwanz, der sich in zwei Spitzen teilte und kurze dicke Pfoten mit langen Klauen. Sogar Informationen zur Diät des Untiers erhalten wir hier: Täglich soll es einen halben Ochsen (oder drei Schweine oder vier Hammel) vertilgt haben. Das Aussehen des Tiers wird dem Bericht nach von mehreren Offizieren, die es während seines Transports in Havanna gesehen haben, bestätigt.

Bei der gegebenen äußerlichen Beschreibung fällt es heute schwer, hier von einem „natürlichen" Tier auszugehen. Die Mischung verschiedener Attribute (Löwenmähne, Menschenkopf, Eselsohren, Fledermausflügel) lässt eher an legendarische Chimären-Wesen denken. Man muss sich also wundern, was die besagten Offiziere,

---

November 1784.

so es sie wirklich gab, in Havanna gesehen haben mögen.

Zuletzt werfen wir noch einen Blick in das 20. Jahrhundert. 1934 druckte das *Jeversche Wochenblatt*[90] einen Bericht über den Norweger Erling Tambs (1888–1967), der 1928 mit einem Kutter eine vierjährige Hochzeitsreise durch Nordsee, Atlantik, Panamakanal und Pazifik startete. Seine Erlebnisse veröffentlichte er in einem Buch mit dem Titel „Hochzeitsreise – aber wie! Im Lotsenkutter durch zwei Weltmeere".[91]

Auf dieser Reise will er an der Küste der Inselgruppe Bora Bora in seichtem Wasser an einem Landungssteg den Kopf eines riesigen Aals gesehen haben. Das Tier bewegte sich auf eine in der Nähe befindliche tote Schildkröte zu. Tambs sah seiner Schätzung nach etwa 1,2 Meter des Halses des Tieres, für den er einen Mindestdurchmesser von 25 Zentimetern angibt. Tambs stürzte nach einem ersten Schock vom Steg, auf dem er sich gerade befand, an Deck seines Bootes, um seinen Speer zu holen. Als er mit dem Speer zum Steg zurückkehrte, war noch immer ein kleiner Teil des Kopfes des Tieres zu sehen, der Speerwurf verfehlte allerdings sein Ziel. Abgeleitet von den Körperteilen, die er gesehen

90 Jeversches Wochenblatt, 20. Dezember 1934.
91 Originaltitel: E. Tambs, Seilasen med Teddy, Oslo 1947.

hatte, schätzte Tambs die Gesamtlänge des Tieres auf 19–25 Meter.

Gerade wenn „Seeschlangen" diskutiert werden, fällt immer wieder der Name der Riemenfische. Dabei handelt es sich um schlangenförmige Fische, für die eine Länge von bis zu acht Metern nachgewiesen ist. Sie verfügen außerdem über eine recht auffällige Rückenflosse, die rötlich gefärbt ist und gerne als Erklärung für Seeungeheuer mit „Pferdeköpfen" und „Mähne" ins Spiel gebracht wird. Gerade dieses auffällige Merkmale hätte aber wohl bei Tambs Erwähnung gefunden, es war ja gerade der Kopf des Tieres, den er sah.

Ein weiterer „Kandidat" wäre ggf. die Muräne, die allerdings nur bis zu vier Meter lang wird. Hat Tambs sich bezüglich der Länge womöglich grob verschätzt oder einfach einen seltenen Giganten dieser Fischart gesichtet? So oder so ist aktuell keine Tierart bekannt, die *alle* Sichtungen der legendären Seeschlangen erklären könnte.

16 Schluss

Nun haben wir unseren kleinen Trip durch einen Teil meiner Sammlung merkwürdiger Nachrichten der letzten Jahrhunderte zu Ende gebracht. Auch wenn für keine der präsentierten Geschichten eine Lösung gegeben werden kann oder überhaupt ihr „Wahrheitsgehalt" abschließend beurteilbar wäre, kann man doch etwas aus ihnen lernen.

Menschen erleben offenbar immer wieder Dinge, die zumindest in der subjektiven Wahrnehmung der Betroffenen außerhalb des üblichen Rahmens dessen liegen, was wir „moderne" Menschen im Geiste der Weltanschauung eines absoluten Materialismus als objektive Realität bezeichnen. Darüber hinaus deutet manches des Berichteten darauf hin, dass Menschen zu anderen Zeiten und an anderen Orten mit anderen Grundannahmen an die Wirklichkeit heran traten und diese dementsprechend auch anders interpretieren konnten. Dies ist selbstverständlich eine Erkenntnis, die nicht neu ist, aber so interessant und facettenreich, dass ein eigenes Buch über sie geschrieben werden könnte.

Auch wenn diese Erkenntnis wissenschaftshistorisch gesehen eben nicht neu ist, lohnt es sich in meinen Augen, sie zu betonen. Im Alltag neigen wir doch dazu, das jeweils eigene Weltbild und die eigenen Grundüberzeugungen zu verabsolutieren und den Blick dafür zu verlieren, dass auch sie letztlich relativ sind.[92]

Wie sollte also ein Umgang mit entsprechenden Erfahrungen auf Basis dieser Erkenntnis aussehen? Darüber kann im Detail sicherlich diskutiert werden, ich möchte aber als zentrale Botschaft dafür plädieren, sich zumindest darauf zu einigen, den Betroffenen nicht per se mit Unglauben und/oder oder Preisgabe zur Lächerlichkeit zu begegnen.

Denn wenn ich mir durch meine Beschäftigung mit derlei Phänomenen in der Geschichte und heute einer Sache sicher geworden bin, so ist dies die Tatsache, dass wir wohl alle ohne weiteres und jeder Zeit selbst zu Zeugen seltsamer Phänomene werden können.

---

[92] Wer sich für die Frage interessiert, inwiefern auch unser moderner Materialismus letztlich eine Metaphysik ist, die auf nicht beweisbaren aber notwendigen Annahmen beruht, der oder dem sei das Buch „Gott denken" des verdienten Wissenschaftsphilosophen Holm Tetens empfohlen.

17 Quellen- und Literaturverzeichnis

Primärquellen

Allgemeine Zeitung, 127. Jahrgang, No. 5, 6. Januar 1924.

Anonym, Bericht über die Begebenheiten welche sich mit einem Landbauer in La Beauce in den ersten Monaten des Jahres 1816 zugetragen haben. Aus dem Französischen übersetzt, Würzburg 1827.

Augsburgische Ordinari Postzeitung von Staats-, gelehrten, historisch- u. ökonomischen Neuigkeiten, 5. November 1784.

Das Bayerische Vaterland, No. 25, 30. Januar 1873.

Das Bayerische Vaterland, No. 219, 21. September 1873.

Das Bayerische Vaterland, No. 220, 23. September 1873.

Das Heller-Magazin. Eine Zeitschrift zur Verbreitung gemeinnütziger Kenntnisse, besorgt von einer Gesellschaft Gelehrter, 29. Februar 1840.

Der bayerische Volksfreund, 29. Oktober 1830.

Der Wendelstein. Rosenheimer Tagblatt. Tageszeitung für Landwirtschaft, Gewerbe und Handel; offizielles Amts- und Nachrichtenblatt für alle Behörden. 1887 = Jg. 17, Nr. 177, 27.11.1887.

Der Wendelstein. Rosenheimer Tagblatt. Tageszeitung für Landwirtschaft, Gewerbe und Handel; offizielles Amts- und Nachrichtenblatt für alle Behörden. 1887 = Jg. 17, Nr. 180, 3.12.1887.

Freisinger Tagblatt. Freisinger Nachrichten; Amtsblatt der Stadt Freising und aller Behörden des Kreises Freising, 28. Februar 1871.

Historie des Jahrs... Oder zur Kirchen politisch und gelehrten Historie dieses Jahrs gehörige HauptAnmerckungen In gewisse zu Coburg monathlich edirte ZeitungsExtracte aufs fleissigste gebracht, nebst einem vollständigen Register, 1716 (1717).

Im neuen Reich. Wochenschrift für das Leben des deutschen Volkes in Staat, Wissenschaft und Kunst, 02.04.1874.

Jarlsberg og Larviks Amtstidende, 4. April 1909.

Jeversches Wochenblatt, 10. Juli 1892.

Jeversches Wochenblatt, 20. Dezember 1934.

Kemptner Zeitung, 27. Januar 1851.

Kerner, Justinus: Geschichten Besessener neuerer Zeit, Karlsruhe 1834.

Kerner, Justinus: Eine Erscheinung aus dem Nachtgebiete der Natur. Durch eine Reihe von Zeugen gerichtlich bestätigt und den Naturforschern zum Bedenken mitgetheilt, Stuttgart/Tübingen 1836.

Lindesnes, 1. April 1909.

Mercurii Relation, oder wochentliche Reichs Ordinari
    Zeitungen, von underschidlichen Orthen, 9. Februar
    1681.

Morgenbladet, 24. Juli 1909.

Morgenblatt für gebildete Stände, 14. Februar 1818.

Morgenblatt für gebildete Stände, 13. April 1822.

Morgenblatt für gebildete Stände, 20. Juni 1831.

Morgenblatt für gebildete Stände, No. 108, 26. Oktober
    1836.

Nachrichten für Stadt und Amt Elsfleth, 7. Juni 1889.

Neue Speyerer Zeitung, Nr. 68, 4. April 1833.

Neues Bayrisches Volksblatt, 19. Januar 1866.

Neues Hannoverisches Magazin, 9. Janaur 1804.

Real=Zeitung aufs Jahr 1765 […], 9. November 1765.

Sundine, 12. Dezember 1834.

Wahrhafftige erschröckliche Neue Zeitung und Geschichte, so sich aussen und in der Stadt Stralsund dieses ietz lauffenden 1597. Jahres zugetragen und begeben, als daß zu unterschiedlichen mahlen Blut und Schwefel, auch Fewer vom Himmel gefallen. Item, von einem wunderbaren Gesichte, so einem Bürger daselbst begegnet, wie der christliche Leser aus der Erzehlung der Geschichte weiter vernehmen wird, Stralsund 1685.

Wochenschrift des Gewerbe-Vereins Bamberg. 22. 1873, Naturwissenschaftliche Beilage, 02.1873.

Zeitung für die elegante Welt. Mode, Unterhaltung, Kunst, Theater, 22. Oktober 1810.

Sekundärliteratur

Bericht über die zur Bekanntmachung geeigneten Verhandlungen der Königlich Preussischen Akademie 1850.

Cutchin, Joshua/Renner, Timothy: Where the Footprints End. High Strangeness and the Bigfoot Phenomenon Volume 1 – Folklore, o.O. 2020.

Fort, Charles: Book of the Damned, New York 1919.

Keel, John A.: The Eighth Tower. On Ultraterrestrials and the Superspectrum, San Antonio ²2013.

Kelleher, Colm/Knapp, George/Lacatski, James T.: Skinwalkers at the Pentagon. An Insiders' Account of the Government' Secret UFO Program, Henderson 2021.

Lucadou, Walter von: Die Geister, die mich riefen. Deutschlands bekanntester Spukforscher erzählt, Köln 2012.

Tambs, Erling: Seilasen med Teddy, Oslo 1947.

Tetens, Holm: Gott Denken. Ein Versuch über rationale Theologie, Suttgart ⁴2015.

Sämtliche Zeitungsmeldungen sowie beide zitierten Bücher Justinus Kerners finden sich für Neugierige öffentlich zugänglich auch als Digitalisate je entweder bei der Bayrischen Staatsbibliothek (https://digipress.digitale-sammlungen.de/), der Landesbibliothek Oldenburg (https://digital.lb-oldenburg.de/) oder der Norwegischen Nationalbibliothek (https://www.nb.no/). Mein herzlicher Dank geht an diese Portale!

Lightning Source UK Ltd.
Milton Keynes UK
UKHW010957080223
416610UK00015B/1671

9 783755 710189